clave

DEEPAK CHOPRA

El alma del liderazgo

Descubre tu potencial de grandeza

Traducción
Vicente Herrasti

DEBOLS!LLO

El alma del liderazgo

Título original: *The soul of leadership*

Primera edición en Debolsillo: enero, 2016
Primera reimpresión: enero, 2017

D. R. © 2014, Deepak Chopra

D. R. © 2017, derechos de edición mundiales en lengua castellana:
Penguin Random House Grupo Editorial, S. A. de C. V.
Blvd. Miguel de Cervantes Saavedra núm. 301, 1er piso,
colonia Granada, delegación Miguel Hidalgo, C. P. 11520,
Ciudad de México

www.megustaleer.com.mx

Traducción: Vicente Herrasti

ISBN: 978-607-313-886-4

Impreso en México – *Printed in Mexico*

El papel utilizado para la impresión de este libro ha sido fabricado a partir de madera procedente de bosques y plantaciones gestionadas con los más altos estándares ambientales, garantizando una explotación de los recursos sostenible con el medio ambiente y beneficiosa para las personas.

Penguin
Random House
Grupo Editorial

Índice

Introducción

Convertirse en líder es la elección más trascendente que uno puede tomar: es la decisión de salir de la oscuridad para llegar a la luz.

Jamás hemos necesitado el liderazgo iluminado tanto como lo necesitamos hoy. Seguro que esta idea ha sido repetida una y otra vez a lo largo de la historia, pero en la segunda década del siglo XXI, la humanidad representa una amenaza terrible para sí misma, para su propia existencia pues, insensatamente, rasgamos el tejido básico que conforma nuestro medio ambiente. Ya no podemos esperar a que el gobierno actúe, por buena que sea su intención, ni tampoco podemos dejar la tarea a otros; nosotros debemos proveer las soluciones para los grandes problemas de nuestro tiempo. Incluso cuando acudimos a nosotros mismos, debemos superar el constante clamor del ego, yendo más allá de las herramientas de la lógica y la razón para acceder a ese lugar que se halla en nuestro interior, un lugar pleno de quietud y calma: el recinto del alma.

Podemos comenzar por plantearnos las cuestiones básicas que dan significado a nuestras vidas. ¿Quién soy? ¿Por qué estoy aquí? ¿Cómo puedo sintonizar con los delicados requerimientos que me hace el alma, para hallar el propósito de mi vida, para hacer la diferencia? Al responder a estas preguntas tan bien como podemos, cada uno de nosotros debe asumir el rol de líder, asumiendo primero la responsabilidad de dirigir nuestra propia vida para luego interactuar con otras personas —en el trabajo, en el hogar y en cualquier otro lugar. Conforme seguimos acudiendo al alma en busca de directrices, eventualmente descubriremos que otras personas nos buscan para encontrar guía, atraídas por nuestra capacidad de tratarlas con dignidad y de satisfacer hábilmente sus necesidades desde un lugar más alto.

Mi propósito al escribir este libro es dar a todos las habilidades y las intuiciones necesarias para ser líder, y no cualquier clase de líder, sino un líder inspirado. En el nivel más profundo, un líder es el alma simbólica del grupo. Su papel es satisfacer las necesidades de otros y, conforme cada necesidad es satisfecha, liderar al grupo para satisfacer necesidades cada vez más sublimes, elevando el potencial del grupo en cada etapa. El poder básico del líder inspirado no proviene de otras personas, sino de su propio ser, y el camino que transita es guiado por su propia alma. Sus bastiones son la creatividad, la inteligencia, el poder de organización y el amor.

Todos los que tienen alma —es decir, todos, conforme a mi definición— tienen el potencial de ser líderes inspirados. Cuando se cambia internamente para acceder a la ilimitada sabiduría del alma, te conviertes en líder sin necesidad de buscar seguidores. Al dar forma tangible a tu visión de un mundo mejor, los seguidores te hallarán. Deseo fervientemente que, tras la lectura de este libro, incontables lectores como tú descubran su grandeza y actúen en consecuencia. Un número indeterminado de estos líderes se convertirán en figuras públicas, y una cantidad todavía mayor desempeñará un papel de liderazgo en el trabajo, en casa y en la comunidad. Sea cual sea el lugar en que ejerzas el liderazgo, no tengo dudas de que este momento de la historia requiere líderes inspirados.

Como verás en las siguientes páginas, el liderazgo al que me refiero en este libro no cumple con la definición tradicional. De acuerdo con la vieja definición, el liderazgo es atributo de pocas personas. En un grupo, la persona elegida para liderar puede ser el más popular, el más confiado o el más desalmado. Con estos parámetros, no todos pueden ser líderes. Cuando los fuertes o los desalmados se apropian del escenario mundial, somos dirigidos por reyes y generales, autócratas y dictadores, por primeros ministros y presidentes hambrientos de poder. La historia trafica con la confección de mitos, basados en el carisma personal, que procura evocar un aura de destino. Pero esas medidas del liderazgo son fallidas. Ninguno de los atributos mencionados indica que un líder efectivamente mejorará la vida de quienes lo siguen. Las probabilidades de que un liderazgo tal derive en miseria, conflicto y opresión, son bastante altas. Las viejas definiciones de liderazgo exaltan el poder y el uso del poder siempre ha estado directamente relacionado con el abuso de sí mismo.

Debido a que los líderes han llegado a ser completamente impredecibles, y dado que muy pocos grandes líderes han surgido de las filas de aquellos que han arrebatado el poder, se nos ha hecho creer que quizá existe una mano invisible dirigiendo las cosas, seleccionando qué líder será en verdad grande. Pero estamos ante más manipulación. Las características que conforman a los líderes inspirados no necesitan estar rodeadas de misterio. De hecho, son premisas simples: los grandes líderes son aquellos que responden a sus propias necesidades y a las necesidades de los demás desde niveles más altos del espíritu con visión, creatividad y un sentido de unidad con las personas a quienes lideran.

Tú puedes ser este tipo de líder. El camino está abierto para ti. El único requisito es escuchar a tu guía interior. Una vez que transites por este camino estarás en vías de convertirte en un *visionario exitoso*. Un visionario exitoso hace que su propia visión se manifieste en el mundo. Las semillas invisibles plantadas en el silencio de nuestra conciencia, se vuelven realidades tangibles y visibles. Al desenvolverse, tú administrarás su desarrollo con pasión y energía. Tus propósitos serán claros para los demás. Los resultados que logres beneficiarán a todos —a ti, al grupo que lideras y al mundo entero. En un planeta amenazado en todos los frentes por el deterioro ecológico, todo lo que logres ha de ser sostenible, lo cual significa que ha de apoyarse en la conciencia. Ésta es una parte esencial de cualquier visión del futuro que provenga del alma.

Cuando hablo del alma, no me refiero al alma definida por ninguna religión en particular, aunque todas las grandes tradiciones espirituales reconocen su existencia. Creo que el alma es una expresión del campo de la conciencia universal. Tu conciencia particular o alma, es como una ola en un mar ilimitado, una ola única por un momento antes de retornar a esa entidad mayor de la que ha surgido. A nivel del alma, estás íntimamente conectado con todo lo que existe en el universo, con el silente dominio de donde surge toda la materia y la energía.

En este contexto, no ha de sorprendernos que el alma adquiera cualidades que son esenciales a la creación: creatividad, inteligencia, poder de organización y amor. Si esta noción te resulta difícil de aceptar, quizás estés de acuerdo conmigo en que las viejas formas de vida tienen un límite y en que ha llegado el momento de intentar algo nuevo. Si descubres que, al acudir al alma en busca de liderazgo con los princiopios que describo en este libro, eres capaz de incrementar la creatividad, la inteligencia, el poder de organización y el amor en tu vida y en el mundo en general, puedes elegir entre dar el crédito al alma o no hacerlo. Al alma no le importará, y quienes comparten el mundo contigo estarán agradecidos sin importar los términos que uses para describir tu nueva forma de ser.

UN MAPA PARA EL CAMINO QUE NOS ESPERA

El liderazgo es un viaje en constante evolución. Las curvas y demás características de este camino que se extiende ante ti son impredecibles, pero te ayudaremos al darte un mapa. El texto que a continuación encontrarás divide el mapa en tres partes.

Primero, he organizado la esencia de lo que significa liderar desde el alma para formar un conveniente acróstico que forma la palabra líderes, destacando con cada letra un aspecto clave para definir tu visión y luego obtener frutos de ésta.

Lo que debes mirar y escuchar. Debes realizar esto con tus sentidos, como lo hace un observador neutral que nada juzga por adelantado. Hazlo con tu corazón, obedeciendo los más genuinos sentimientos. Finalmente, mira y escucha con el alma, respondiendo a la visión y a los hondos propósitos que el alma te provee.

Integrar lazos emocionales. Liderar desde el alma significa ir más allá del melodrama de la vida en su modalidad de crisis. Se necesita reconocer y eliminar las emociones tóxicas para poder entender con claridad tus necesidades específicas y las de los demás.

Desarrollar la conciencia. Esto significa estar consciente de las preguntas que subyacen a cada reto: ¿Quién soy? ¿Qué quiero? ¿Qué se necesita en esta situación? Un líder debe hacerse estas preguntas para alentar a que su equipo se las formule también.

Empezar a actuar. Un líder debe estar orientado a entrar en acción. Haga lo que haga, debe servir como modelo, haciéndose responsable por las promesas que ha hecho. Esto requiere de persistencia y tenacidad, pero también se requiere la habilidad de ver cualquier situación con flexibilidad y humor.

Recurrir al empoderamiento. El poder del alma proviene de la conciencia que responde a la retroalimentación, pero manteniéndose independiente de la buena o mala opinión de los demás. El ejercicio del poder no debe ser egoísta. Eleva el estatus del líder y del equipo simultáneamente.

Ejercer la responsabilidad. El liderazgo responsable consiste en elegir riesgos planeados y no riesgos innecesarios. Se debe predicar con el ejemplo, tener integridad y vivir conforme a los propios valores. Desde la perspectiva del alma, la mayor responsabilidad de un líder es conducir al grupo por el camino de la conciencia más elevada.

Sincronía. Éste es un misterioso elemento de un nivel subyacente de la conciencia universal. Todos los grandes líderes lo utilizan. La sincronía es la habilidad de crear buena suerte y encontrar apoyo invisible que nos conduzca más allá de los resultados previstos, hasta un plano superior. En términos espirituales, la sincronía es la habilidad más importante para relacionar cualquier necesidad con una respuesta proveniente del alma.

El mapa del liderazgo se analiza con mayor detalle en la segunda parte de este libro, por medio de historias de personas comunes que se han convertido en visionarios exitosos. Seguiremos a dos personas de este tipo, Jeremy Moon y Renata M. Black, quienes comenzaron sin medios materiales y llegaron a formar empresas multimillonarias que hacen la diferencia en el mundo. En ambos casos, la visión que dio inicio a su viaje fue impulsada con pasión y propósito. Esto no es raro en las historias de éxito, pero en estos casos también encontramos valores profundos extraídos del ámbito del alma.

Como veremos, los caminos de Jeremy y de Renata siguieron los pasos descritos en el acróstico L-Í-D-E-R-E-S; cada componente, desde el escuchar hasta la sincronía, desempeñaron un papel crucial. Además de inspirar, esta parte del libro incrementará la certeza de que el liderazgo a partir del alma es una opción viable en el mundo real. De hecho, al elegir el liderazgo visionario como camino al éxito, el mundo real se convierte en un sitio milagroso para los líderes, un lugar en que el éxito material cede el lugar de honor al descubrimiento personal.

La tercera parte de este libro es un breve resumen de lo aprendido. Espero exponer el tema de un modo tal que facilite el reconocimiento de los principales aspectos del liderazgo espiritual en tu propia vida. Pronto se harán aparentes.

¿POR QUÉ EL ALMA?

¿Cómo es que surgen los líderes a partir de vidas ordinarias? Todo grupo, naturalmente, busca líderes que lo guíen a un objetivo común. Aún así, algunos fracasan mientras que otros tienen éxito. Algunos son destruidos por adoptar estrategias defectuosas o por la abrumadora presión de su rol. Sin embargo, no es raro que, cuando llegan las crisis y la gente clama por la llegada de un líder, el líder no aparezca, dejando el famoso "vacío de liderazgo" que se ha convertido en un problema crónico para nuestra sociedad.

En la realidad más profunda del alma, una familia en problemas, una compañía sin visión, o una nación que lucha por llegar a un nuevo nivel de libertad, necesitan responder a necesidades e impulsos ocultos, espirituales. Cuando esto es comprendido, innumerables líderes pueden surgir para acceder a los más altos niveles de grandeza. El liderazgo inspirado se establece en el ser, en donde no es necesario adoptar una estrategia para llegar a la cima. Al desarrollar tu potencial de grandeza, desarrollas también este potencial en los demás. Naturalmente, acudirán a ti para obtener guía y liderazgo al avanzar, y un buen día ellos serán capaces de proveer liderazgo iluminado a otros.

Nuestras almas ofrecen la más alta inspiración en cada momento. Con nuestra mente también podemos ver el caos, pero el alma sabe que existe un orden subyacente y trata de encontrarlo. Hasta que nos procuremos la sabia quietud del alma, seguiremos cayendo en viejos hábitos y obteniendo respuestas inadecuadas ante los nuevos retos. Seguiremos inmersos en luchas sin sentido y en la confusión. Pero cuando comprendamos la forma de actuar del alma y nos apoyemos en ella, alguien surgirá para abrirnos paso en medio de la niebla. Mahatma Gandhi, la Madre Teresa y Nelson Mandela emprendieron estos caminos basados en la conciencia del alma (por más que nos guste rodearlos de un estatus místico). Utilizaron esta conciencia para explotar una fuente de sabiduría que permanece constante a lo largo de la historia y que está a disposición de todos.

En cualquier grupo, los miembros representan dos temas básicos en la vida: la necesidad y la respuesta. Si pudiéramos vernos claramente, nos percataríamos de que cada día:

• Hay algo que necesitamos, partiendo de la necesidad básica de alimento y refugio, hasta llegar a las necesidades más elevadas de la valía personal, el amor y el significado espiritual.

• Hay alguna respuesta que satisface esas necesidades, que van desde la lucha y la competencia hasta los descubrimientos creativos y la inspiración divina.

Ambos temas dominan nuestra vida exterior e interior. Arrollan a las demás fuerzas y, al igual que las otras labores del alma, no son fortuitas. Las necesidades y su satisfacción pueden ser organizadas en un orden natural. Las necesidades más bajas y su correspondiente satisfacción, son seguidas por las más elevadas. (Como declaró el escritor alemán Bertolt Brecht: "No me hables de mi alma hasta que hayas llenado mi estómago.") Esta escala ascendente es conocida como *La jerarquía de las necesidades*. Como líder, si estás al tanto de la jerarquía de las necesidades y de sus respuestas o satisfactores, serás capaz de responder eficientemente conforme el grupo necesite ascender en la escala, de lo básico a lo crecientemente espiritual. Esto es lo más poderoso que un líder puede hacer.

Por ejemplo, los movimientos sociales extremistas (el fascismo, el fundamentalismo religioso, el nacionalismo étnico, etcétera), se basan en el temor, la respuesta más primitiva del grupo, una respuesta que coincide con la satisfacción de la necesidad más primitiva: la de sobrevivir. Las presiones externas como la depresión económica, los fenómenos migratorios y las fuerzas competitivas también disparan esta necesidad. Vaclav Havel era un poeta checo que llegó a ser presidente de la nueva República tras la caída del comunismo, porque logró satisfacer las necesidades básicas de seguridad de sus ciudadanos, para luego detectar y satisfacer necesidades superiores de unidad y autoestima, mismas que habían sido reprimidas por décadas. El doctor Martin Luther King junior, ofreció a una minoría oprimida la oportunidad de ir más allá de la necesidad de sobrevivir para satisfacer la necesidad superior del sentido de dignidad y de propósito espiritual. Ofreció transformación. Buda y Cristo ofrecieron a sus seguidores una oportunidad de satisfacer sus necesidades al más alto nivel: el deseo universal de unidad.

Con el ejemplo de estos grandes líderes, es claro que liderar desde el alma no es ni misterioso ni abstracto. El liderazgo inspirado corresponde a necesidades y respuestas reales. Se trata de una habilidad que puede aprenderse. Tú puedes hacerlo, y también lo puedo hacer yo. Podemos satisfacer las necesidades en todos los niveles de la vida exterior e interior de un grupo, aplicando la misma conciencia a una familia, a una comunidad o a una corporación. En la más profunda realidad del alma. Los líderes y los seguidores se crean los unos a los otros. Forman un lazo espiritual invisible. Los líderes existen para encarnar los valores que los seguidores ansían, mientras que los seguidores alimentan la visión del líder desde su interior.

LOS PRINCIPIOS BÁSICOS

El viaje que un líder emprende es el viaje de la expansión de la conciencia. El alma misma tiene completa conciencia, percibe todos los aspectos de una situación. Su perspectiva está a tu disposición, pero normalmente no logras acceder a ésta debido a tus propios obstáculos internos. Vemos lo que queremos ver —o lo que nuestros medios y limitaciones nos permiten ver. En tu viaje al liderazgo inspirado aprenderás a remover estos obstáculos. Al hacerlo, lo que una vez fue difícil se convertirá en algo fácil, conforme tu alma allane el camino para ti. Tu visión será más clara y el camino que se extiende frente a ti será despejado. Pronto te parecerá que el universo mismo conspira para proveerte de la creatividad, la inteligencia, el poder de organización y el amor que componen el corazón del liderazgo visionario.

PRIMERA PARTE

LOS LÍDERES

LO QUE DEBES MIRAR Y ESCUCHAR

Los grandes líderes tienen una visión y la capacidad para manifestarla. Para definir tu visión debes comenzar por mirar y escuchar. Mira y escucha todo lo que te rodea, pero también escucha a tu interior. Estamos ante un proceso que involucra cuatro pasos:

Observación imparcial: Mira y escucha con tus sentidos.

Análisis: Mira y escucha con tu mente.

Sentir: Mira y escucha con tu corazón.

Incubación: Mira y escucha con tu alma.

Cuando hayas transitado estas cuatro etapas, tu visión personal puede comenzar a expresarse.

La mejores cualidades que puedes tener cuando empieces tu carrera son la pasión, los valores y la dedicación a un propósito. Con estos elementos se forja una visión. Cuando hablas con los líderes más inspiradores, los que yo llamo visionarios exitosos, resulta que todos comenzaron con pasión y con una visión del panorama general. Agregaron dedicación a un profundo sentimiento de propósito. Se rigieron por valores esenciales que no estaban dispuestos a negociar. Para poder hallar grandeza en ti, debes concentrarte primero en estos elementos.

A lo largo de los años, los investigadores han tratado de encontrar razones externas que justifiquen a los líderes exitosos. Con base en estas investigaciones, podría tenerse la impresión de que nacer en la riqueza, ir a las mejores escuelas, asociarse con otras personas exitosas y tener resultados muy altos en las pruebas de inteligencia, bastaría para más o menos garantizar el que una persona se convierta en líder. Pero todos sabemos que se puede comenzar de cero y llegar a ser un gran líder; también se puede comenzar con gran cantidad de ventajas y lograr poco o nada de valor. Las ventajas externas ayudan a arrancar a cualquiera, pero no son garantía de éxito.

¿Por qué no dar marcha atrás a este proceso para fijarnos mejor en los atributos que todos poseemos? Todos sabemos cómo mirar y escuchar, y éstas son las herramientas básicas de la percepción. Sin embargo, en el caso de los líderes, estas herramientas se convierten en otra cosa. El líder es responsable por tener una visión, misma que debe ser lo suficientemente clara como para guiar e inspirar a otros. Una vez articulada la visión, el líder debe ser capaz de manifestarla. Las ideas más grandes no son otra cosa que ilusiones hasta que son forzadas a convertirse en realidad. Si quieres ser un visionario exitoso, tu viaje ha de comenzar con las siguientes preguntas: ¿Cuál es mi visión? ¿Cómo puedo convertirla en realidad?

Ninguna visión es creada en el vacío, sino que surgen de la situación que se presenta en un momento dado. Esta situación puede consistir en una crisis o en un proyecto de rutina, en un problema gerencial o en una emergencia financiera; puede provenir de cualquier cosa que requiera de un líder que ofrezca guía, que valore la situación al mirar y escuchar al nivel más profundo que le sea posible. Por lo regular, quienes desempeñan esta tarea son los padres, los entrenadores deportivos, los mentores y consejeros, los administradores y directores. Siempre que se te pida guía, enseñanza, mando, motivación, inspiración o planeación, la oportunidad está llamando a la puerta.

Imagina a tres personas sentadas en la sala de espera de una oficina. Visten sus mejores trajes. La oficina misma pertenece a un inversor en capitales de riesgo que ha aceptado dar a cada uno media hora para presentar una propuesta de negocios novedosa. El éxito o el fracaso dependen de esta reunión. ¿Quién de los tres resultará ser el líder, el que tiene las mayores probabilidades de persuadir al inversor de riesgo?

La primera persona se siente tan nerviosa que le sudan las manos. Trata de emprender una conversación casual, pero descubre que está balbuceando, de modo que opta por callarse. Cierra los ojos para repasar por última vez la exposición que piensa hacer de su propuesta. Durmió muy poco la noche anterior, pues pasó horas ensayando cada palabra de su presentación. Sólo piensa una cosa: *Ahora o nunca. Vencer o morir.*

La segunda persona luce mucho más calmada. De hecho, tiene bastante confianza. Cree en su idea, está seguro de que su idea de negocio tendrá éxito cuando consiga apoyo. Al ser alto y de ojos claros, está acostumbrado a que se dirijan a él mirándole hacia arriba. En el fondo, se pregunta si logrará convencer al inversionista de ir a jugar una ronda de golf o de ver un juego de basquetbol. Su fuerte para convencer ha consistido siempre en estar a solas con el sujeto en cuestión.

La tercera persona revisa la habitación con abierta curiosidad. Se fija en el fino tapete oriental y en las flores recién cortadas que adornan la recepción, pero su interés verdadero se centra en las personas que entran y salen de la oficina del inversionista. Visten pantalones de mezclilla y faldas, no trajes. Se ven concentrados, más no estresados. Al constatar su estado de ánimo, esta tercera persona se siente de manera muy parecida. Pase lo que pase, está dispuesta a aceptar el resultado. Una vez que pose la mirada en el inversionista de riesgo, sabrá con qué clase de personalidad está tratando y responderá en consecuencia.

De estas tres personas, la primera no mira ni escucha más allá de sus propios sentimientos, que son tensos y tendientes a la cerrazón. El segundo hombre está más cómodo y comienza a ver las cosas con el corazón. Valora a las personas y las situaciones a partir de las sensaciones. La tercera persona va un poco más allá. Está completamente abierta a todo lo que le rodea pues mira y escucha atentamente. A partir de los datos que obtiene, comienza a construir un escenario. Puede visualizarse en el escenario y, conforme éste se presente, será capaz de adaptarse. Si resulta que no se adapta bien a la situación, no cometerá el error de aceptar el dinero del inversionista; si no hay compatibilidad, buscará el apoyo en otra parte.

En este escenario imaginario, podemos darnos cuenta de que el líder con mayor potencial en ese momento es quien puede mirar y escuchar al nivel más profundo posible. El liderazgo requiere que tengas una sólida base interior. Cuando logres llegar al punto en que mires y escuches con todo tu ser, estarás alistando el escenario para ser un líder inspirador.

LOS CUATRO NIVELES DE LA PERCEPCIÓN

Para ser verdaderamente visionario, mirar y escuchar deben llevarse a cabo en cuatro niveles distintos. Ver con los ojos es sólo el comienzo. Cuando vemos y escuchamos plenamente, involucramos el cuerpo, la mente, el corazón y el alma.

Cuerpo: La etapa de observación y reunión de información.

Mente: La etapa de análisis y juicio.

Corazón: La etapa de sentimiento.

Alma: La etapa de incubación.

Una vez que estés seguro de haber pasado por todas estas etapas, tu visión de un momento determinado surgirá como expresión verdadera de quién eres tú y estará fundada en una profunda comprensión.

Observación: Comienza por ser tan abierto e imparcial como sea posible. Mira tanto como puedas y escucha a cualquiera que tenga algo que decir. En cierto sentido, tú funcionas como una cámara de video. Permite que las imágenes y los sonidos te lleguen libre y objetivamente.

Análisis: Simultáneamente, tu mente toma nota de la situación. Comienza a sopesar y a analizar. Permite que todas y cada una de las ideas lleguen a tu mente. Analiza lo que sucede y nota los fragmentos o soplos de respuestas, las nuevas interpretaciones y las combinaciones novedosas. De nuevo, evita los juicios y los prejuicios. Sé neutral y abierto.

Sentimientos: Adéntrate en aquello que tu corazón siente que está bien. Sentir es más sutil y verdadero que el análisis puro. Éste es el nivel en que las intuiciones repentinas pueden llegarte. Estás incorporando la intuición a esta escena, permitiendo que suceda el momento en que decimos: "¡Eso es!", el momento en que damos verdaderos saltos cuánticos de creatividad.

Incubación: Ahora relájate y espera. Cuando se está incubando una visión, ésta se encuentra en un lugar profundo e invisible. Una inteligencia honda e infinita nutre tu visión, adaptándola a tus necesidades y a las de quienes te rodean. Has tenido acceso a algo que es mayor que tú, ya sea que lo llames Yo superior, conciencia pura o conexión divina. Si ninguno de estos términos te funciona, podrías pensar en el alma como "aquello que soy en realidad".

Por tanto, un líder emerge de sí mismo. Hace coincidir su percepción interna con la situación externa. Un hindú de veinticuatro años que llegó a Sudáfrica en 1893, se percató de que sería golpeado si se rehusaba a viajar en el estribo del carruaje para ceder su lugar a los pasajeros europeos blancos. Si insistía en viajar en el compartimento de primera clase del tren porque tenía un boleto de primera clase, le decían que su lugar estaba en el compartimento de tercera clase, sin importar lo que su boleto dijera. No obstante, ese pasajero de veinticuatro años era Mahatma Gandhi y podía evaluar su situación usando los cuatro niveles de percepción. Con los ojos, miró a su alrededor y percibió discriminación. Su corazón sintió que esa situación era intolerable. Con su mente analizó una nueva táctica —la desobediencia civil— y se percató de que podía cambiar las cosas. Con su ser entero se comprometió con una visión de la libertad, dispuesto a pagar el precio que fuera.

El entrenamiento común para el liderazgo, en casi todos los casos, utiliza la palabra visión libremente, pero casi siempre la basa en una perspectiva intelectual. Los líderes potenciales son enseñados a utilizar sus mentes para analizar varios escenarios hipotéticos. Al dejar de lado el sentimiento, la intuición, el espíritu visionario y la profunda sabiduría del alma, este entrenamiento termina por quedarse corto. Nadie puede negar el simple hecho de que los grandes líderes son también almas grandes. Al enfrentar el *apartheid* en Sudáfrica, la esclavitud anterior a la Guerra Civil o la dominación colonial en India, sus ojos vieron lo mismo que vieron los ojos de todos los demás. Sus mentes tuvieron los mismos pensamientos que muchas otras personas a su alrededor. Sintieron la misma injusticia en sus corazones. Pero Nelson Mandela, Abraham Lincoln y Mahatma Gandhi fueron más allá y se preguntaron desde lo más hondo de su ser cómo inducir una respuesta diferente, cómo convertir una nueva visión en realidad.

ENCONTRAR TU PROPÓSITO VERDADERO

El secreto del gran liderazgo reside en estar en contacto con el alma. Todos somos capaces de seguir el camino que une el cuerpo, la mente, el corazón y el alma. Al hacer la conexión del alma, el verdadero propósito de tu vida se convertirá en la base de todo lo que haces. Los líderes existen para dar parte de sí mismos, y sólo puedes dar aquello que posees. El alma —es decir, la esencia de tu ser verdadero— es el lugar en que encontrarás revelación, creatividad, imaginación e inteligencia profunda. Cuando sabes qué sucede en lo más íntimo de tu ser, aquello que tienes para dar se vuelve infinito.

En este capítulo formularás el propósito de tu vida en una sola oración, y una vez que estés seguro de que esta afirmación expresa tu misión verdadera y profundamente, la refinarás hasta llegar a una sola palabra. La afirmación que abarcaría la misión de Martin Luther King podría haber sido: "Estoy aquí para terminar con la discriminación racial y la injusticia social". Al refinar esta idea para llegar a una sola palabra, podríamos decir que ésta sería "libertad". La misión de Charles Darwin podría haberse enunciado con la siguiente oración: "Estoy aquí para observar cómo cambia la vida y se adapta al ambiente". Refinándola hasta una sola palabra, ésta podría ser "evolución".

La afirmación que representa tu misión fundirá dos componentes que desarrollaremos en este capítulo: un "perfil del alma" que refleje tus valores y una "visión personal" que refleje tus intenciones más profundas.

Tu perfil del alma

Utilizando pocas palabras y oraciones cortas responde las preguntas. Sé franco y procura no detenerte demasiado en cada una antes de responder. Deja que las primeras ideas sean tu guía.

1. ¿Cuál es mi contribución en la vida?
2. ¿Cuál es el propósito de lo que hago?
3. ¿Cómo me siento cuando tengo una experiencia cumbre?
4. ¿Quiénes son mis héroes o heroínas (de la historia, la mitología, la ficción o la religión)?
5. ¿Qué cualidades busco en mi mejor amigo o amiga?
6. ¿Cuáles son mis habilidades y talentos excepcionales?
7. ¿Cuáles son las mejores cualidades que manifiesto en mis relaciones personales?

Ahora, usando las palabras clave que has encontrado en tus respuestas a las anteriores preguntas, escribe un breve perfil de tu alma, como si estuvieras describiendo a otra persona. Por ejemplo: "El propósito de Deepak es *crecer* personalmente y *sacar a la luz el potencial interno* y las *posibilidades ocultas*. Él contribuye a la vida siendo *amoroso* y *apoyando a los demás*. Cuando tiene experiencias cumbre siente una gran *paz interna* y *unidad* con todo lo que le rodea. Sus héroes son *Gandhi*, *Buda*, *Jesús*, *la Madre Divina* y *Krishna*. En su mejor amigo, él busca *compresión* y *estímulo*. Siente que su habilidad única es la *comunicación*. Tiene talento para *lograr que otros miren más allá de sus condicionamientos y límites impuestos*. Su mejor cualidad en las relaciones personales consiste en *amar*, *apoyar* y *apreciar* a la otra persona".

Mantén tu perfil del alma a la mano y pasa a la siguiente fase: definir tu visión personal.

TU VISIÓN PERSONAL

Al igual que en la etapa anterior, usa pocas palabras o frases para completar las oraciones. Déjate ir. No te preocupes por ser lógico o por la factibilidad de implementar estas ideas. Escribe lo primero que te venga a la mente. Y sobre todo: sé veraz contigo mismo.

1. Quiero vivir en un mundo donde_____.
2. Me sentiría inspirado al trabajar en una organización que_____.
3. Me sentiría orgulloso de liderar un equipo que _____.
4. Un mundo transformado sería_____.

Para unir el trabajo que ahora realizas con tu visión, contesta las siguientes preguntas:

• ¿De qué manera tu trabajo en el mundo refleja la visión delineada en el ejercicio anterior?

• ¿Qué necesitas (de parte de tu equipo u organización) para acercarte a tus ideales?

• ¿Qué puedes ofrecer (a tu equipo u organización) para acercarlo a tus ideales?

Puede suceder que tu trabajo actual esté lejos de lo que tu visión quisiera. El primer paso para superar ese obstáculo es definir tu visión tan específicamente como sea posible. Los ideales vagos no dejan de ser pasivos; los propósitos más concretos despiertan poderes nunca antes vistos del alma. Por otra parte, puede que estés ya en vías de lograr tu visión o al menos, puede que ya hayas dado los primeros pasos. No existe un lugar "correcto" para estar ahora. El punto en este momento consiste en aclarar qué clase de mundo visualizas y cómo te ves en él.

LA DEFINICIÓN DE TU MISIÓN

Ahora que has escrito tus valores y tu visión, combina ambas para formar un breve enunciado que defina tu misión en esta vida. Tu definición debe describir lo que quieres lograr como líder de ahora en adelante. Usa el siguiente modelo como guía:

La misión que sustenta todo lo que hago es

_____.

• Sé simple y conciso.
• El enunciado debe ser comprendido por un niño.
• Debes ser capaz de afirmarlo aún estando dormido.

Ejemplo: Originalmente, la definición de mi misión era "alcanzar una masa crítica y lograr un mundo pacífico, justo, sustentable y sano". Esto debía simplificarse, lo que me llevó a tener una misión más clara: "Servir al mundo y a todos sus habitantes."

Finalmente, trata de resumir tu misión en una palabra. La mía es "servir". La tuya puede ser "crecer", "evolucionar", "inspirar", "paz" o cualquier otra palabra. La clave consiste en que, cuando llegues a la definición más breve de tu propósito, escuches claramente a tu verdadero yo, que es el primer requisito para cualquiera que aspira a liderar desde el alma.

Como líder, tu visión existe para ser compartida con entusiasmo e inspiración. La palabra *entusiasmo* proviene del griego *en-theos* o "en Dios", recordándonos que debemos mirar al alma. El término "inspiración" deriva de la misma raíz latina que "respirar" y "espíritu". Cuando inspiras a los demás, haces que todos se acerquen al espíritu de tu visión —los motivas a respirar juntos de la misma atmósfera.

PONER EN FUNCIONAMIENTO TU VISIÓN

La visión es general; las situaciones son específicas. En toda situación grupal encontrarás seres humanos con sentimientos complejos, creencias, hábitos, experiencias, recuerdos y agendas. Cualquier líder está en la posibilidad de inspirar a dicho grupo, pero se requiere un visionario exitoso para influir en todos esos aspectos, la mayoría de los cuales están ocultos y son de naturaleza personal. De modo que tener una visión es sólo el primer paso. Después deberás saber cómo abordar las diversas situaciones para manejarlas a todos los niveles, desde las labores administrativas más superficiales (pero necesarias), hasta llegar a los valores y creencias esenciales que cada uno de nosotros defiende y celebra.

Las situaciones que claman por un liderazgo son fáciles de encontrar. El siguiente paso consiste en concentrarse en la necesidad precisa que procurará un cambio productivo. Conforme empieces a hacer lo necesario, descubrirás que una necesidad es diferente de una meta. La meta de un grupo puede ser crear una nueva campaña de publicidad, establecer un calendario de producción o reasignar trabajo a nuevos equipos gerenciales, pero a un nivel menos visible el líder debe satisfacer ciertas necesidades básicas que determinarán si el objetivo es asequible. Ya nos hemos referido brevemente a estas necesidades, que son universales. Existen siete, enumeradas a continuación, en orden ascendente.

LAS NECESIDADES DEL GRUPO

Seguridad.
Logros, éxitos.
Cooperación.
Apoyo, sentido de pertenencia.
Creatividad, progreso.
Valores morales.
Plenitud espiritual.

El pionero en proponer esta lista de lo que la gente necesita ordenando las necesidades jerárquicamente fue el psicólogo Abraham Maslow. Él determinó que la necesidad más básica (la seguridad) debe satisfacerse antes de que una persona avance a las necesidades más elevadas (el amor, el contrato social, por ejemplo). En el contexto del liderazgo, aplicamos la jerarquía de Maslow a los grupos, lo que requiere ajustar un poco dichas necesidades, pero el principio de satisfacer las necesidades más básicas antes de avanzar a las más elevadas se mantiene vigente.

Un líder no puede cometer el error de tratar de ponerse por encima de las necesidades básicas antes de sentir que esas necesidades han sido satisfechas. Necesita involucrarse en la situación —experiencia práctica— para leerla correctamente. La gente no usa letreros que describan sus necesidades —más bien nos encontramos con lo opuesto. El quejumbroso crónico puede tener en realidad miedo de perder su trabajo; necesita seguridad. El crítico abierto de las nuevas ideas puede sentirse marginado; necesita sentido de pertenencia. Aunque ya hemos mencionado los grupos que funcionan en el trabajo —los equipos de proyecto, la oficina en que trabajas, el grupo gerencial al que perteneces— estas necesidades son universales, de manera que pueden aplicarse a cualquier situación. El grupo puede ser tu familia, una organización de voluntariado y una tropa de *boy scouts*. Para ser el alma del grupo, un líder debe percibir correctamente lo que sus miembros necesitan y luego llevar a la acción sus percepciones.

A manera de guía, he aquí situaciones comunes que se relacionan con las siete necesidades:

1. Seguridad: Me refiero a las situaciones que representan *amenaza* e *inestabilidad*. Las personas se sienten inseguras. El descontento está en el aire. Se pueden advertir los rostros nerviosos y sentir la ansiedad dominante. ¿Quién hará que la situación mejore haciéndonos sentir mayor seguridad?

2. Logros, éxitos: Estamos ante situaciones de *metas incumplidas*. La gente se siente fracasada. Quieren ser más productivos pero no hay suficiente fuego o pasión para lograrlo. ¿Quién dará un paso adelante para proveer la motivación que tanto se necesita?

3. Cooperación: Se trata de situaciones de *incoherencia* y *fragmentación*. No hay espíritu de equipo. El grupo se desintegra pasando a las disputas y los dimes y diretes. Las juntas duran por siempre pero no se llega a conclusión alguna. ¿Quién proveerá cohesión y coherencia a la situación?

4. Apoyo, sentido de pertenencia: Me refiero a situaciones en que existen *sentimientos negativos* y *apatía*. Todos cumplen con su función, pero se sienten marginados, no pertenecen. Hay poco apoyo y escasa confianza. ¿Quién pondrá el corazón para dar a los demás un sentido de pertenencia?

5. Creatividad, progreso: Situaciones dominadas por *viejas soluciones* e *ideas estancadas*. La gente se siente bloqueada. Todos concuerdan en que se necesita algo nuevo, pero sólo surgen variantes del *status quo*. ¿Quién pondrá la chispa de creatividad a esta situación?

6. Valores morales: Se trata de situaciones de *vacío espiritual* y *corrupción*. Los débiles se sienten desesperanzados y los fuertes toman ventaja cínicamente. La gente habla de enderezar las cosas, pero nadie sabe por dónde empezar. Se tiene la sensación de que el futuro no es más que una idea de "buena voluntad"; el presente es opresivo y sofocante. ¿Quién traerá esperanza y recuperará la inocencia del grupo?

7. Plenitud espiritual: Me refiero a situaciones que simbolizan la *condición humana*. La gente se formula preguntas relativas a los grandes temas: ¿Quién soy? ¿Por qué estoy aquí? Muchos buscan a Dios. Se habla de una realidad superior pero falta fe. ¿Quién puede traer luz y demostrar que la santidad es una realidad en el mundo?

Hasta ahora nos hemos enfocado en mirar, pero escuchar es de vital importancia cuando se trata de comprender la situación en la que te encuentras y las necesidades que gritan por ser satisfechas. En casi todas las consideraciones respecto de qué debe conformar a un líder, se menciona la misma cualidad: un líder

sabe escuchar. Para lograrlo, se requiere de un verdadero esfuerzo. Cuando te encuentras con un buen escucha, los siguientes factores están presentes.

¿CUÁLES SON LOS ATRIBUTOS DE QUIENES SABEN ESCUCHAR?

1. No interrumpen.
2. Muestran empatía: no critican, discuten ni tratan con condescendencia.
3. Establecen un sentido de cercanía casi física sin invadir el espacio personal.
4. Observan el lenguaje corporal y hacen que el suyo demuestre que están atentos.
5. Ofrecen sus conclusiones o ideas personales sin abundar en ellas o exponerlas antes de tiempo.
6. Entienden el contexto en que la vida de la otra persona se desarrolla.
7. Escuchan desde los cuatro niveles: cuerpo, mente, corazón y alma.

Igual que sucede con mirar, escuchar comienza con tus sentidos mientras tratas de captar la historia de la otra persona sin juzgar y con imparcialidad. Luego se va más allá de lo escuchado para analizarlo con la mente. También sentirás con el corazón lo que las palabras tratan de comunicar —la mayoría de las personas expresan más de lo que las palabras indican, y me refiero al nivel de los sentimientos. Finalmente, deja que las palabras resuenen en tu alma y permite que maduren o incuben antes de ofrecer cualquier consejo o pasar a la acción.

La jerarquía de las necesidades es como una escalera, pero la vida tiene que ver con personas —entidades complejas en el mejor de los casos. En lugar de interpretar esto como una escalera que se debe trepar, la vida se nos presenta como una madeja de hilo que debemos desenredar. Las situaciones se sobreponen. Las condiciones cambian continuamente. Por tanto, debes permanecer flexible, mirando y escuchando para advertir la verdadera necesidad que debes satisfacer.

El liderazgo es una forma de vida —una forma de vida que ahora puedes elegir. Un líder se mueve por la vida con tanta naturalidad como le es posible, incluso cuando nadie lo sigue. Sabe obtener algo de cada paso del camino y esto lo hace diferente. No se trata del carisma, la confianza, la ambición o el ego. Esos son atributos de los líderes prominentes, pero ninguno de estos es esencial. El elemento esencial es una conciencia en constante expansión, la cual inicia al mirar y escuchar.

LAS LECCIONES DE MIRAR Y ESCUCHAR

• Liderar desde el alma significa mirar y escuchar en los cuatro niveles: cuerpo, mente, corazón y alma.
• Una vez que poseas tu propia visión, ésta motivará y guiará todo lo que hagas.

• Como líder, debes tomar en cuenta la jerarquía de las necesidades, desde la más básica hasta la más sublime.

QUÉ HACER HOY

Ha llegado el momento de aplicar tu visión a las necesidades de los demás. Desde hoy, observa al grupo que más te interesa —un equipo de trabajo, tu familia, un grupo de voluntarios o de escolares. ¿Qué necesita ese grupo? ¿Qué respuesta puedes proveer? (Concéntrate en lo que ves hoy; en los siguientes capítulos, cuando las necesidades básicas hayan sido satisfechas, discutiremos como llevar al grupo a otros niveles más elevados.)

Tus fortalezas naturales saldrán a la luz en respuesta a la situación, así que, de la lista que encontrarás a continuación, considera qué tanto coinciden las fortalezas de los líderes con las tuyas:

Necesidad: Seguridad.
Respuesta del líder: Soy fuerte cuando se trata de defender a otros. Mantengo la calma en las crisis; soy bueno para responder en situaciones de emergencia.

Necesidad: Logros, éxitos.
Respuesta del líder: Sé qué se necesita para ganar. Puedo motivar a la gente para que tenga logros. Puedo hacer que crean en mí.

Necesidad: Cooperación.
Respuesta del líder: Soy conciliador y puedo ver todas las facetas de un conflicto. Soy firme y no impulsivo. Sé cómo sacar a la gente de posiciones de intransigencia.

Necesidad: Apoyo, sentido de pertenencia.
Respuesta del líder: La empatía se me da fácilmente. Comprendo la naturaleza humana. Sé cómo lograr que la gente perdone y ver lo mejor de todos. El manejo de situaciones emocionales no me confunde; me siento cómodo cuando me topo con situaciones en que la emoción es clave.

Necesidad: Creatividad, progreso.
Respuesta del líder: Puedo hacer que la gente cambie su forma habitual de pensar. Sé qué estimula a la gente creativa. Me gusta mucho explorar nuevas posibilidades. Lo desconocido no me asusta.

Necesidad: Valores morales.
Respuesta del líder: Siento un llamado. Quiero curar viejas heridas y puedo hacer que otras personas encuentren el verdadero propósito de su existencia. Quiero compartir mi comprensión sobre por qué estamos en la Tierra.

Necesidad: Plenitud espiritual.
Respuesta del líder: Me siento completo. Influyo en otros que quieren compartir la experiencia de paz in-

terior que yo tengo. Mi silencio interior habla con más fuerza que las palabras. Lidero con mi sola presencia. Otros me consideran sabio.

El resultado de mirar y escuchar es que trabajas desde tu propia visión. Se trata de tu pasión, no por el hecho de que tú la hayas pensado, sino porque proviene de tu ser verdadero. Cuando afrontas la situación y te brindas como realmente eres, creces junto a la gente que estás ayudando. Estamos ante la fusión de los corazones, las mentes y las almas.

INTEGRAR LAZOS EMOCIONALES

Los líderes hacen surgir lo mejor de los demás, pero los visionarios exitosos van aún más lejos: crean vínculos emocionales duraderos. Son el tipo de líderes que llevamos en el corazón. Cuando la gente está emocionalmente vinculada a ti, quieren tener contacto contigo. Quieren ser útiles y compartir tu visión. Luego se desarrolla una profunda motivación. Se forman lealtades duraderas y genuinas.

Para crear tales vínculos, debes estar dispuesto a construir verdaderas relaciones. Comparte tu ser. Interésate personalmente en los demás y fíjate en sus fortalezas. En el nivel más básico, debes demostrar que tienes una energía emocional sana. Evita los tres venenos: el autoritarismo, la ira y el distanciamiento.

En toda situación, pon en práctica el hábito de formularte las preguntas clave de la inteligencia emocional: ¿Cómo me siento? ¿Cómo se sienten? ¿Cuáles son los obstáculos ocultos que nos separan? Un líder que puede responder estas preguntas tendrá la capacidad de crear vínculos emocionales duraderos.

Las emociones son los aliados invisibles de los visionarios exitosos. Para llevar a la práctica tu visión, necesitas dominar este tema. Cuando piensas en un líder poderoso, ¿te imaginas a una figura de autoridad fuerte, a un jefe que no puede ser cuestionado y cuya desaprobación debe ser temida? Tradicionalmente, los líderes han procurado ejercer la autoridad, el control y el poder. A la larga, esta estrategia fracasa; cuando su motivo es el miedo, la gente actúa con desgana o, en última instancia, no actúa. Por otra parte, un líder que trabaja con emociones positivas es capaz de desarrollar el potencial de todos sus seguidores. Si en verdad eres el alma del grupo, lideras y sirves simultáneamente. Cuando los demás sienten que estás dispuesto a dar de ti mismo, tu influencia como líder crecerá tremendamente.

Los visionarios exitosos de todas las épocas forjaron vínculos emocionales y generalmente lo hicieron sin ser conscientes de ello. Podemos afirmar que existe un vínculo cuando sus seguidores:

Quieren estar en presencia del líder.

Quieren ser útiles.

Quieren dar su mejor rendimiento, lo cual los acerca al líder.

Quieren compartir la visión del líder.

Quieren participar del éxito del líder.

Ninguna de estas conductas es forzada; se trata de la forma en que funciona un grupo al sentirse inspirado. La inspiración comienza con el compromiso emocional. Hagamos un alto. Piensa en un líder que te inspire. Si tuvieras la oportunidad de estar cerca de esa persona, ¿no te gustaría tener contacto personal, compartir su visión y sentirte pleno por su éxito? Éstas son las cualidades de la vinculación emocional.

PARA SER INTELIGENTE DESDE EL PUNTO DE VISTA EMOCIONAL

El vínculo emocional es distinto al contacto físico, al tornarse excesivamente personal y por decirlo de algún modo, al llevar tu corazón prendido en la solapa. Se trata de una labor que se emprende desde un nivel superior de la inteligencia emocional, disciplina que se ha convertido en una rama de la psicología práctica. Para ser más específico, diré que algunos principios básicos surgen de la inteligencia emocional, permitiéndote ser emocionalmente claro y efectivo. Todo visionario exitoso debe poseer estas habilidades.

La libertad emocional: Para poder vincularnos efectivamente con los demás, debemos ser emocionalmente libres. Primero que nada, esto significa estar libre de culpa, resentimiento, amargura, ira y agresión. No se requiere que seas perfecto, sólo que seas claro respecto de tus sentimientos subyacentes. Todos tenemos emociones negativas, pero un líder las enfrenta con eficacia por el bien del grupo. No da señales mezcladas, ni se permite la explosividad y el mal humor —si lo hace, no tarda en enmendar las cosas. Sólo puedes confiar en ti emocionalmente si estás en estado de claridad y sólo así lograrás que otros confíen en ti.

Para alcanzar un estado de claridad, es necesario que:

• Estés pendiente de tu cuerpo. Las sensaciones de tensión, constricción, rigidez, incomodidad y dolor indican que las emociones negativas piden ser reconocidas y liberadas.

• Vigiles tus sentimientos. Las emociones nos succionan e inevitablemente distorsionan nuestro juicio. Si observas tus emociones objetivamente y las concibes como eventos pasajeros cuya influencia disminuirá con el paso del tiempo, puedes resistirte a ser arrastrado por ellas.

• Expreses tus sentimientos. Esto significa, primera y principalmente, expresarlos ante ti mismo cuando sabes que se trata de algo negativo y potencialmente destructivo. Aprende a liberar tu negatividad en privado y sé cuidadoso al hacerlo. No permitas que la ira y el resentimiento permanezcan contigo creyendo que sólo alejarte de lo ocurrido puede ayudar. Si no reconoces y liberas activamente estas emociones, se acumularán cada vez más rápido.

• Te hagas responsable por lo que sientes. Cuando alguien comete un error, es su responsabilidad corregirlo, pero es tu responsabilidad controlar tus sentimientos al respecto —esa emoción no le pertenece a nadie excepto a ti. Suele ayudar el mantener un diario de tu vida emocional en el que figuren tanto los aspectos positivos como los negativos. Bríndate crédito cuando hayas manejado bien una situación difícil sin explotar, culpar o tornarte resentido. Toma la responsabilidad en las ocasiones en que tus emociones tengan un efecto adverso en tu liderazgo. Los diarios funcionan bien para ser totalmente honesto y admitir tus fallas, con la intención de corregirlas.

• Compartas tus sentimientos con las personas en quienes confías. Todos necesitamos un ser querido que nos escuche, comprenda y que nos provea de un punto de vista diferente.

• Encuentres perspectivas distintas. Las emociones suelen estar estrechamente vinculadas a las creencias, al ego y al condicionamiento de nuestro pasado. Cuando te enojas con alguien, también estás diciendo: "Tengo razón." Difumina esta tendencia egocéntrica al plantearte la situación desde tantos puntos de vista como sea posible. El saber qué piensan los demás no implica que estés en un error. Al contrario: ampliará tus horizontes.

Hacer todo esto no sólo es bueno para ti. Cuando eres libre emocionalmente, haces que otros se sientan felices y cómodos al estar cerca de ti. Los llena de energía y alienta a que sean más claros con respecto a sus propios sentimientos. La investigación sobre el cerebro demuestra que las madres y los hijos se vinculan por medio de un mecanismo primario conocido como *resonancia límbica*, mismo que implica *dos cerebros:* los mismos centros emocionales del cerebro —la región límbica— están sincronizados, lo que lleva a compartir los ritmos biológicos como el pulso cardiaco y la respiración. Si están verdaderamente vinculados, la madre y el hijo pueden advertir los sentimientos de otro respectivamente, incluso pueden compartir pensamientos sin intercambio alguno de palabras. Este mecanismo permanece intacto conforme maduramos; puedes relacionarte con otros a un nivel biológico profundo, lo que incluye compartir sinceramente la libertad emocional. De otro modo, la tensión y la negatividad oculta pueden hacer que dos personas se separen.

El entusiasmo compartido: logra que la frase "Esto es grandioso para mí", se convierta en "Esto es grandioso para nosotros". A menos que tu entusiasmo pretenda alcanzar a otros, puede incluso llegar a tener un efecto negativo. Las personas no están ávidas de ayudar a un líder si no piensan que también se están ayudando a sí mismas. (No puedes más que reírte cuando el gerente del programa de televisión *The Office* dice: "La mala noticia es que tendremos despidos. La buena es que me van a dar un ascenso.") Sé sincero. Deja que tu éxito sea "nuestro éxito" si es meritorio. De otra manera, es mejor aplicar la máxima de no lucir grande, sino dejar que los otros te hagan grande.

Preocupación genuina por los demás: El dar a alguien cinco minutos de tu vida alentándolo o preguntando "¿Cómo van las cosas?", mientras pasas rumbo a tu oficina, no es lo mismo que vincularte con esa persona. Debe importarte en verdad. Las mismas condiciones respecto de lo que te importa en la vida se aplican a los demás. Mira a la persona a los ojos, olvida otros asuntos y responde con naturalidad.

El deseo de construir una relación: En el fondo, todas las relaciones se fundan en lo que dos personas tienen en común. Los lazos más fuertes entre adultos, se constituyen entre iguales. No puedes formar parte de la familia de todo mundo, pero puedes hacer que los otros se sientan ligados a ti como espíritu afín. A nivel del alma, ésta es la única verdad, porque todas las almas son iguales. Los roles que desempeñamos refuerzan la ilusión de desigualdad. Como líder, es tu trabajo desempeñar un papel, pero debes tener cuidado de dejar a un lado ese rol de vez en cuando. Establece contacto con otras personas por el placer de hacerlo, por lo divertido que resulta compartir el tiempo.

Refuerza las cualidades de los demás: Una y otra vez se ha demostrado que los mejores líderes se concentran en las fortalezas de sus seguidores. Construyen un equipo al determinar quién hace qué bien. Alientan a que cada persona desarrolle sus mejores cualidades. Pero eso es sólo el principio. La gente quiere

reconocimiento por sus fortalezas, específica y personalmente. Al pasar junto a un operario y decir: "Buen
trabajo", se está actuando bajo una fórmula. Es mucho mejor saber qué hace bien, señalarlo y demostrar
que valió la pena realizar el trabajo.

Incrementar la autoestima de los otros: La autoestima consiste en tres elementos básicos. Primero,
las personas se sienten bien consigo mismas si sienten que están haciendo un buen trabajo, algo que vale
la pena; segundo, se sienten bien si desarrollaron una
imagen positiva de sí mismos conforme crecían; y ter-
cero, si sienten que están viviendo de acuerdo con sus
valores esenciales. Sabiendo esto, haz tu mejor esfuerzo para ayudar a que quienes te rodean se sientan apreciados. Bríndales todas las razones que puedas
para que se aprecien a sí mismos.

Comunicación no violenta: Remover cualquier
indicio de amenaza te permitirá manejar las situaciones de una manera que satisface las necesidades de
las personas. Si adviertes tensión, desconfianza, apatía, hostilidad oculta o cualquier otro signo de resistencia en las personas con quienes te comunicas, algo está
trabajando en contra tuyo a nivel emocional. Todo
cambio amenaza al *status quo*. La inercia obra en detri-
mento de la visión. Puedes reducir el nivel de amenaza analizándote con atención y asegurándote de que te
apegas a los siguientes lineamientos:

Respetas las diferencias de opinión, incluso aquellas que parecen minar el éxito de tu visión.

No necesitas que los demás cambien para ser feliz.

Provienes de un lugar pacífico.

Te interesa genuinamente comprender porqué los otros se te resisten, sin culpar o juzgarlos.

Quieres que el cambio beneficie a todos o a tantas personas como sea posible.

Puedes superar los contratiempos sin ser hostil con quienes se te opusieron hoy —podrían convertirse en tus aliados mañana.

La solución de conflictos: Todos estamos emocionalmente involucrados con nuestras más profundas convicciones. Cuando dos personas no logran ponerse de acuerdo, la causa casi siempre se encuentra a nivel de los sentimientos: alguno está atorado. La negociación es la única manera de seguir adelante. Cuando puedes negociar con tus oponentes a nivel emocional, la pasión que está detrás de tu visión tiene la oportunidad de hablar a sus corazones.

Para usar la inteligencia emocional como herramienta de negociación, se requiere lo siguiente:

Que respetes a la oposición y te asegures de que se sienten respetados.

Que seas firme pero flexible.

Que sientas genuinamente que tu contraparte tiene derecho a su posición.

Que establezcas la ganancia común como meta. Todos necesitan sentir y saber que ganaron algo.

Que desees lo mejor para tus oponentes. No pretendas obtener el máximo de ellos en términos de concesiones.

Debes eliminar de tu vocabulario lo "que está mal" y lo "que está bien" durante las negociaciones. Te guste o no, todos en la mesa sienten que tienen razón.

Trata de ver ambos lados de la moneda y procura que nadie se sienta agraviado. La sensación de injusticia no sólo te pertenece a ti, sino a todos los involucrados.

Que hables personalmente, desde el corazón. Esto requiere que te presentes de manera sencilla, apropiada y equilibrada.

Acepta perdonar y pide perdón. Deja que las faltas de los demás se diluyan en el pasado y acepta tus culpas aquí y ahora.

Nunca lleves la discusión al ámbito de la ideología o la religión. Estas áreas están fuera de los límites porque, sin importar qué tan diplomático seas, la otra parte se sentirá amenazada.

LAS SIETE SITUACIONES

Es un hecho que los sentimientos satisfacen una necesidad o no lo hacen. Un líder jamás olvida eso. No trata de alentar ninguna emoción nada más porque sí. Cada una de las siete situaciones presentadas en el primer capítulo conlleva un aspecto emocional que es esencial para reconocer la necesidad subyacente que debe ser satisfecha. Pero primero debes reconocerla.

Necesidad insatisfecha: Sentirse seguro.

Emociones: Temor, ansiedad, incertidumbre, sensación de amenaza.

Tu estrategia: Haz que la ansiedad oculta del grupo salga a la luz. Da a tu gente las razones para no sentir miedo. Sienta las bases que llevarán a la estabilidad. Pide a los más fuertes que compartan la fuente de su fortaleza. Promete que todos superarán la crisis y cumple esa promesa tan pronto como puedas. Ofrece seguridad y ayuda individualmente.

Necesidad insatisfecha: Logros, éxitos.

Emociones: Falta de motivación, apatía, sensación de fracaso e insuficiencia.

Tu estrategia: Compartir el entusiasmo personal con el grupo. Reconoce sus pequeños éxitos. Deja en claro que todas las victorias son "nuestras" victorias. Describe las nuevas posibilidades que se abren. Especifica cómo puede tener éxito cada persona de acuerdo con sus capacidades. Asigna una tarea o un proyecto que tenga buenas probabilidades de salir bien y asegúrate de que se trate de un éxito del que pueda enorgullecerse la persona.

Necesidad insatisfecha: Cooperar con los demás.

Emociones: Celos, resentimiento, división, egoísmo.

Tu estrategia: Encuentra una emoción que todos puedan compartir (orgullo, estima personal, satisfacción al dar lo mejor de sí, maestría en una labor difícil) y luego pide que se pongan de acuerdo respecto de ese sentimiento. No te des por vencido hasta que consigas que todos lleguen a un acuerdo. Trae a la discusión el tema del divisionismo sin culpar a nadie. Destaca las razones por las que todo el grupo gana si se actúa en equipo. Sé paciente, pero si es necesario retira del grupo a los quejumbrosos crónicos y a los reincidentes. Negocia las diferencias reuniendo en privado a los rivales. Muestra tu descontento ante cualquier exhibición pública de divisionismo.

Necesidad insatisfecha: Apoyo, pertenecer.

Emociones: Soledad, aislamiento, sentimientos de incomprensión y de no ser escuchado.

Tu estrategia: Demuestra que te importan todos los miembros del grupo. El grupo entero sufre cuando alguien se siente relegado, pero este sentimiento no ha de discutirse públicamente. Siéntate en privado con el miembro que se siente marginado y escúchalo. Mantén el contacto hasta que se vuelva a unir al grupo. Respeta el derecho de todos a la privacidad, pero deja claro que la participación es obligatoria. Sé paciente. Naturalmente, no todos participarán en la misma medida. Pon atención en los miembros que tienden a aislarse y pregúntales si están de acuerdo y cómo se sienten. Involúcralos, pero no los enfrentes directamente (por ejemplo: "Adam, ¿quieres unirte al resto de nosotros?"; "Sería bueno si nos dieras una idea, Alicia.") En lugar de eso, mantén las cosas simples y formula preguntas abiertas ("Adam, ¿qué opinas de todo esto?"; "Me gustaría saber qué piensan todos. A ver, Alicia...").

Necesidad insatisfecha: Ser creativo, crecer.
Emociones: Estancamiento, tedio, sensación de rutina.
Tu estrategia: Reconoce abiertamente ante el grupo que hay necesidad de aire fresco. Dedica tiempo para sesiones de trabajo al aire libre en las que la imaginación de todos pueda volar en libertad. Deja en claro que el tener buenas ideas novedosas será recompensado. Nunca reprimas ningún signo de creatividad e imaginación. No hagas hincapié en los obstáculos, en las limitaciones presupuestales o en los aspectos poco prácticos. Haz cosas sorpresivas que provoquen sonrisas en el grupo, afirma con seriedad que quieres que todos se relajen y se sientan seguros al hacerlo.

Necesidad insatisfecha: Ser guiados por valores esenciales.
Emociones: Culpa, vacío, falta de guía, falta de objetivos.
Tu estrategia: Habla al grupo desde el corazón. Inspira desde el alma. Comparte historias personales sobre experiencias trascendentales en tu vida. Pide a otros que también lo hagan. No ataques los valores morales de otras personas, ni seas demasiado celoso al defender los tuyos. Concéntrate en el ilimitado potencial de crecimiento de todos. Pon en práctica tus principales valores —la compasión, el amor, la lealtad, la honestidad y la integridad— convirtiéndote en un modelo de

rol. Si parece apropiado, pide silencio al grupo para que mediten o recen. No temas procurar un momento de alegría y relajación. Siempre sé sincero. Aprecia la inocencia oculta en todos.

Necesidad: Plenitud espiritual.

Emociones: El anhelo, la búsqueda personal, el deseo de obtener más de la vida.

Tu estrategia: La palabra *estrategia* no es realmente apropiada en este caso. Estás aquí para difundir la luz y eso lo lograrás estando en la luz. Comprendes y aceptas a todos. Sientes compasión en todas las situaciones. Ahora puedes difundir tu influencia simplemente siendo. Si has encontrado tu alma, tu fuente de conciencia pura, la gente sentirá tu estado de beatitud y unidad, elevando su propio espíritu sin que tengas que realizar ningún esfuerzo. Por medio de ti, ellos sentirán que la paz interna y la completa seguridad son posibles.

UNA ROSA PUEDE CAMBIAR LA VIDA

Permíteme contarte una historia sobre cómo fui testigo del poder de los vínculos emocionales. Cuando era un niño creciendo en India, mi padre era un médico que trabajaba en Jabalpur, una ciudad grande localizada cerca del centro del país. Un día, todo Jabalpur entró en una especie de fiebre por la visita del primer ministro del país, Jawaharlal Nehru. India había na-

cido como país en 1947, unos meses después de mi nacimiento y, siendo el primer líder electo, Nehru era para
la población una especie de padre o santo.

Mientras se acercaba el vehículo que transportaba
a Nehru el día señalado, una onda de reverencia y emoción corría por la ciudad, como si el mismo Gandhi nos
visitara y, efectivamente, Nehru había heredado buena
parte del cariño que se le tenía a Gandhi. Recuerdo que
los vecinos treparon a los postes para poder echar un
vistazo al auto de Nehru; los árboles de la calle sufrían
con el peso de los pequeños que se sentaban en sus ra-
mas. Mi madre vestía su mejor sari, y no importaba con
quién hablara ese día —una sirvienta, su mejor amiga
o la esposa del director del hospital en que trabajaba mi
padre—, todos hablaban de Nehru y nada más.

Cuando la comitiva finalmente llegó a las calles de
la ciudad, pasó justo enfrente de nuestra casa. Luego
sucedió algo asombroso. Mi madre había conseguido
lugar en la primera fila de la multitud. Antes nos había confiado que estaba segura de que Nehru notaría
su presencia entre la multitud de decenas de miles de
personas que franqueaban su ruta y, aunque la habíamos molestado amistosamente por su idea, su confianza siguió incólume. Llegado el momento, ¡en verdad
atrajo la atención de Nehru! Él hizo una breve pausa
y luego tomó la rosa roja que siempre tenía prendida
a la solapa. La arrojó a mi madre. Incluso estando en
el tumulto, mi madre la cogió; cuando el desfile había

terminado, ella la llevó a casa y, cuidadosamente, la colocó en el mejor florero disponible.

Durante toda la tarde, la casa estuvo llena de gente que venía a maravillarse con la rosa, una rosa común, como la que se puede comprar en los mercados por algunas rupias. Pero como Nehru la había arrojado con sus propias manos, había adquirido un estatus místico. Y como mi madre la había atrapado, también ella gozaba de ese estatus. Las personas que solían verla todos los días, bajaban ahora la voz en su presencia y hablaban cuchicheando, la miraban con reverencia. Y cuando yo veía a mi madre, notaba que su roce con la grandeza parecía haberle dado también un nuevo sentido de sí misma. A fin de cuentas, la flor de Nehru fue conservada para la posteridad al ser colocada entre las páginas de un libro como si fuera una reliquia sagrada.

Imagínate inspirando esa clase de amor y lealtad. Eso es justo lo que los visionarios exitosos hacen.

La grandeza política le llega a muy pocos, pero la mayoría de nosotros encontraremos oportunidades para ejercer el liderazgo en nuestro lugar de trabajo, en el que no suele ser inusual encontrar un vacío de inteligencia emocional. En un estudio exhaustivo de satisfacción laboral realizado por Gallup, se encontró que los lugares de trabajo son muy impersonales. De acuerdo con Gallup, sólo diecisiete por ciento de los empleados reportan que su jefe "ha invertido en la relación". ¡No tienes que ser el líder de un país para remediar esta situación!

LA INTELIGENCIA ESPIRITUAL

En el caso de las dos últimas necesidades —la guía superior y la plenitud espiritual— vamos más allá de la inteligencia emocional. En este nivel más profundo trabajamos en el ámbito de la *inteligencia espiritual*, que nos pone en contacto con el amor, la compasión, la alegría y la paz interna. Estos valores son transpersonales. Pertenecen a la humanidad como un todo. La inteligencia espiritual no se dirige a una situación en especial. Se trata de descubrir lo sagrado en la vida cotidiana. Provienes de un lugar de amor, alegría y ecuanimidad porque estás en contacto con tu alma.

La inteligencia espiritual no se trata de aprender ciertas habilidades, sino de descubrir quién eres a nivel espiritual. Todos tenemos conciencia, todos sabemos lo que significa tener paz interior, lo que es el silencio la confianza y la alegría. ¿De dónde provienen estas experiencias? Si vienen de lo más íntimo de nuestro ser, del alma, entonces es natural que queramos ir ahí y experimentar por nosotros mismos.

Explorar tu identidad a un nivel más profundo que los pensamientos cotidianos es la verdadera definición de meditar. Al principio, basta con practicar una simple meditación como la siguiente:

La meditación de la respiración

Aparta veinte minutos por la mañana y la tarde, veinte minutos en que puedas sentarte a solas en un lugar tranquilo, sin ser interrumpido o molestado. Apaga tu teléfono y demás. Cierra los ojos y no hagas absolutamente nada por cinco minutos, dejando que el ritmo de tu respiración se sosiegue naturalmente. Observa cómo habla tu mente, pero no interactúes con ella. Deja que tus pensamientos y sentimientos sean simplemente lo que son.

Ahora presta atención delicadamente a la mitad de tu pecho. Al hacerlo, percibe cómo tu aliento entra y sale del pecho. Siente cada exhalación como si se tratara de liberar el aliento de todo el cuerpo, siente cada inhalación como si extendiera tu aliento a cada parte de tu cuerpo. No impongas un ritmo a tu respiración; ni lenta ni rápida. No trates de respirar honda o someramente, pero procura que, con el paso del tiempo, tu respiración se torne más sutil y refinada. Continúa con esta meditación durante quince minutos. No hay problema con quedarse dormido: esto sólo significa que debes recuperarte del cansancio antes de poder meditar. Al final de la sesión, tómate un minuto para salir del estado meditativo, no entres en acción de inmediato.

Sentirse cómodo con esta sencilla práctica es dar el primer gran paso hacia la inteligencia espiritual. Al meditar todos los días, permitirás que el alma influya en la vida diaria. Conforme sucede, notarás infinidad de cambios en ti mismo, como:

Momentos inesperados de alegría.

Una sensación de paz aún en medio de la actividad.

La capacidad de verte con claridad.

Más razones para apreciar a los demás y menos razones para criticar.

Menos necesidad de controlar.

Mayor confianza en que las respuestas correctas llegarán.

Una voluntad de dejarse llevar por la corriente.

Un profundo sentido de pertenencia.

Cuando empieces a tener dichas experiencias, las extenderás naturalmente y sin esfuerzo hacia afuera. Te quedará claro que aquello que está dentro de ti debe estar dentro de todos. A nivel del alma, todos poseen las mismas cualidades. El líder espiritualmente inteligente actúa en consonancia con estas cualidades aún cuando no resulten tan obvias en los demás. Da a cada persona espacio para cambiar. Algunos podrán llamar a esta actitud "desarrollo silencioso". En este punto el líder ha ido más allá de la situación inmediata, acepta plenamente el rol más importante: ser el alma del grupo.

Cuando la inteligencia emocional se funde con la inteligencia espiritual, la naturaleza humana se transforma. Un líder de esta naturaleza incorpora lo que toda tradición de sabiduría llama "la luz". La luz da lugar al amor y la compasión, incluso cuando la persona no parece estar actuando desde el alma. En lugar de ello, los poderes invisibles del ser —la conciencia pura que se encuentra en la base de toda la existencia— comienzan a demostrar que son reales. La lucha da lugar a la calma y el conflicto cede hasta convertirse en total confianza de que el mejor resultado posible se manifestará. Hasta tu más mínimo deseo es apoyado por el universo y hecho manifiesto. Cada acto es parte del flujo de la vida. El primer día que meditas, abres una puerta a la luz. Pides más conciencia a tu alma y los deseos se cumplen. El alma no es otra cosa que luz, pero no olvides que esto es una metáfora —la verdadera sustancia del alma es la conciencia.

La conciencia es ilimitada. Los vínculos emocionales que te unen a otra persona son vínculos de luz. Al nivel del alma ya están unidos. Tu rol como líder es ayudar a que otros se percaten de que esto es así.

LAS LECCIONES DE LA VINCULACIÓN EMOCIONAL

• Liderar desde el alma significa vincularse con otros para que quieran compartir tu visión y acceder a la plenitud con el éxito compartido.

• Una vez que valoras la inteligencia emocional, puedes aprender las habilidades que vinculan a la gente. Esto requiere que construyas relaciones y que des de ti mismo.

• Como líder del alma, percibes las emociones escondidas en cualquier situación y enseñas a repararlas. Sabes con certeza que todos están ya unidos a nivel del alma.

QUÉ HACER HOY

La inteligencia emocional crece por medio de la percepción. Observa atentamente tu situación actual (en el trabajo, en la familia, con los amigos cercanos) y obsérvala desde el nivel del sentimiento. Tu corazón te dirá cuando las otras personas estén emocionalmente distantes de ti. Hay señales ocultas o tensión obvia: los otros no parecen relajados, no se ríen contigo ni te miran a los ojos. No parecen querer estar a tu alrededor ni compartir tu éxito. ¿Cómo puedes convertir la distancia en un vínculo?

Hoy, tu misión es poner manos a la obra en cambiar el tono emocional de tu vida, sea cual sea el aspecto en que no está funcionando. Toma en cuenta las conductas que se enlistan líneas abajo. Elige una que puedas poner en práctica hoy y, en el curso del próximo mes, escoge cada una de las diez conductas al menos una vez.

ESTRECHAR EL VÍNCULO

DIEZ CONDUCTAS PARA
REMEDIAR LA DISTANCIA EMOCIONAL

1. Fíjate en las fortalezas o talentos de la otra persona y señálaselos.

2. Felicítala por mejorar en algo.

3. Alábala sin esperar alabanzas a cambio.

4. Cumple sus deseos cuando sientas en tu corazón que así debe ser.

5. Si la temperatura sube demasiado, aléjate, pero luego retorna con una actitud conciliatoria.

6. Sé dueño de tus sentimientos. Sólo tú puedes hacerlo. Acepta que no eres dueño de los sentimientos de la otra persona: él o ella los poseen.

7. No traigas a colación temas sensibles cuando estos puedan resultar vergonzosos (especialmente frente a otras personas o frente a todo el grupo).

8. Antes de sacar a relucir un tema personal, espera hasta encontrarte en un buen sitio emocional y luego asegúrate de que la otra persona lo esté también.

9. Evita los rituales gastados. Si te descubres diciendo las mismas cosas día tras día, se trata de un ritual, no de una respuesta genuina. Encuentra algo nuevo que decir y alguna nueva manera de demostrar tu interés.

10. Encuentra algo nuevo que perdonar a la otra persona cada día. No permitas que se entere de qué se trata; sólo perdónala y deja ir.

Conforme apliques estas conductas diariamente convirtiendo la distancia emocional en un vínculo, compórtate calmo contigo mismo y con la otra persona. Sé sincero, no exageres. Sobre todo, no lo hagas porque quieres tener razón o para probar que puedes hacer que alguien sea como tú; tu meta es más objetiva que eso. Tu meta es desarrollar la inteligencia emocional necesaria para superar tus viejos y nocivos patrones. Valorar la vinculación emocional es rescatar al otro y a ti mismo del frío, incluso si esto no te beneficia.

Desde el punto de vista emocional, sólo existen tres tipos de situaciones en relación con la gente: las que puedes solucionar, las que puedes tolerar y aquellas de las que debes alejarte. Como líder, es tu deber arreglar tantas situaciones como puedas. La mayoría de las personas aguantan demasiado y cuando llegan a un punto de frustración intolerable, se retiran. En contraste, tú puedes remediar una situación por medio de la inteligencia emocional y enfrentar hábilmente las emociones. Al reducir la distancia que aísla a las personas, pruebas que el lado emocional de la vida puede rendir frutos. Superar el miedo y la resistencia interior lleva a la alegría compartida.

DESARROLLAR LA CONCIENCIA

La conciencia es el sitio en que nacen las posibilidades. Todo lo que quieres hacer, todo lo que quieres ser, comienza aquí. Para ser un visionario exitoso, debes de ser tan consciente como te sea posible. En todo momento, muchos caminos llevan adelante. La conciencia te indica cuál es el correcto.

Como líder, tu propia conciencia afecta a quienes te rodean. Las personas a quienes lideras y sirves, dependen de tu valoración de los hechos. Debes acudir a tu interior para obtener la respuesta correcta. Tú solo puedes elevar la conciencia del grupo desde sus necesidades básicas a las más elevadas. Para hacerlo, primero debes satisfacer tú mismo cada una de tus necesidades.

No hay límite respecto de lo que puedes cambiar, porque la conciencia trae luz a todos los aspectos de la vida. Sin embargo, si tu conciencia es limitada, todo lo demás será también limitado. Por otra parte, si estás en un estado de conciencia expandida, todo lo demás se expandirá. Las tradiciones más antiguas y sabias dicen: "Conoce aquello que da a conocer todo lo demás." Se refiere a la conciencia misma. Nada tiene mayor poder de transformación.

La conciencia es el lugar de nacimiento de la posibilidad. Todo lo que quieres lograr comienza aquí. Cuando surge una nueva idea, debe reunir poder e influencia. Otras personas tienen que querer apoyarla: los medios para convertir tu visión en realidad deben entrar en juego. Todas estas cosas dependen de tu conciencia porque, al momento que tienes una idea nueva, muchos senderos conducen al futuro. En algún lugar en tu interior, el camino correcto llama. El visionario exitoso acude a su interior día tras día para encontrar el siguiente paso en el camino. Para él o ella, el éxito es un viaje que evoluciona.

La conciencia no es lo mismo que el pensamiento. El mundo es tan complejo que la mente racional no puede calcular todas las posibilidades en una situación determinada. Instintivamente, todos sabemos esto. Por tanto, realmente no usamos la lógica y la razón tanto como decimos. Tomamos nuestras decisiones intuitivamente y después usamos la lógica y la razón para justificar nuestra elección. Esto no significa que la lógica no tenga valor. Significa que usamos nuestra conciencia mucho más de lo que imaginamos.

Las investigaciones sobre el cerebro demuestran que, hasta en las decisiones más simples, se involucran muchas áreas de este órgano, particularmente los centros emocionales. Cuando miras un plátano en el supermercado, una bufanda de *cashmere* en la tienda departamental o un auto usado en un lote, es muy probable que, en silencio, consideres la pertinencia del precio. En segundos habrás formado un juicio, casi sin darte cuenta o sin percatarte del todo de lo que tu cerebro ha hecho. Un comprador pensará que es justo pagar dos dólares por medio kilo de plátanos orgánicos, en tanto que otro ni siquiera pensará en comprarlos a ese precio. Si les preguntáramos la razón de su decisión, seguramente ambos darían una razón diferente, pero el hecho es que en el momento de la decisión, múltiples influencias determinaron el proceso y su resultado. Tomaría mucho tiempo verbalizar estos procesos, incluso sin considerar la interacción entre los mismos.

Como líder debes tomar las decisiones de la misma forma en que lo hace el comprador de plátanos, es decir, utilizando muchas áreas de tu cerebro. La mayoría de los programas de entrenamiento para el liderazgo sostienen que la verdad reside en lo contrario. Se pretende que la razón y la lógica dominan; suponen que noventa por ciento del proceso de toma de decisiones se basa en el análisis. Pero la investigación conductual indica que, al tomar decisiones, suceden muchas más cosas en el cerebro.

En un experimento, a un grupo de sujetos se les mostraron fotografías con un alto contenido emocional, tanto positivo como negativo (un bebé recién nacido, una boda, un accidente ferroviario y una escena bélica). Sus cerebros estaban siendo analizados; las fotos encendían el centro emocional del cerebro, la amígdala. Luego, se les preguntó cuánto estaban dispuestos a pagar por determinados implementos domésticos. Consistentemente, los sujetos estuvieron dispuestos a pagar mucho más que las personas que no habían sido estimuladas emocionalmente de antemano. Y esto resultó cierto sin importar que las fotos suscitaran emociones positivas o negativas. Al sentirse felices, los sujetos del estudio estuvieron dispuestos a pagar hasta tres y cuatro veces más de lo que pagarían normalmente, pero hacían lo mismo sintiéndose consternados. Más significativo aún es el hecho de que los experimentadores no pudieron eliminar el componente emocional de las decisiones, sin importar qué tanto lo intentaran. La idea de una solución completamente racional es una ilusión.

Probablemente, esto sea algo muy positivo, ya que si pudieras depender solamente en la razón y la lógica, estarías privándote del infinito poder de tu conciencia. En el mundo de las grandes tradiciones espirituales, la conciencia se considera un atributo de Dios y por tanto, es infinita y omnipresente. Lo divino ve y sabe todo. Es por eso que los sabios védicos de India nos dicen: "Conozcamos aquello que da a conocer todo lo demás." Se refieren a la conciencia. Incluso en términos seculares, gracias a estudios sobre el cerebro como el que hemos descrito líneas arriba, sabemos que la conciencia permanece inexplotada en muy, muy buena medida. La mente pensante constituye sólo la punta del iceberg.

LOS SIETE ATRIBUTOS DE LA CONCIENCIA

Aunque sólo puedes pensar en una cosa a la vez, tu conciencia funciona silenciosamente en muchos niveles. Un líder toma ventaja plena de este hecho al hablar dirigiéndose a esos niveles ocultos. La conciencia conlleva los siguientes atributos personales, en orden ascendente:

Equilibrio
Automotivación
Coherencia
Intuición
Creatividad
Inspiración
Trascendencia

Quizá te hayas fijado en que estos atributos coinciden con las siete necesidades que el líder debe satisfacer. Los mejores líderes van siempre un paso adelante del grupo en relación con la jerarquía de necesidades. Cuando el grupo comienza a sentirse seguro y a salvo, el líder está ya pensando en el logro. Cuando el grupo comienza a disfrutar el éxito, el líder está pensando ya en formar equipos y así sucesivamente. Los líderes más grandes están a tono con los siete niveles, lo que los prepara para adelantarse a cualquier situación. Si aspiras a liderar desde el alma, debes tener experiencia personal de estos siete atributos de la conciencia.

Equilibrio: La conciencia es estable y segura en sí misma, no necesita apoyo externo. Cuando estás en contacto con este atributo, eres firme en las crisis. Cuando otros a tu alrededor se sienten inseguros, tú mantienes el equilibrio. En un momento de necesidad, estás preparado para aliviar la ansiedad de quienes te rodean y procurar que surjan sus mejores cualidades.

Automotivación: La conciencia está imbuida con la cualidad de la autoreferencia, lo que significa que encuentra todo lo necesario en sí misma. Desde esta fuente interior de conciencia, la confianza y la energía llegan de manera natural, y la dotación de ambas es infinita. Cuando estás en contacto con este atributo de la conciencia, no dudas que el éxito sea posible. Mientras que otros ven peligro, tú ves oportunidades escondidas. Esta habilidad de desarrollar un camino al éxito te prepara para liderar cuando el logro es la meta principal.

Coherencia: La conciencia tiende al orden y a la organización. Recibe influjos de los cinco sentidos y conforma una imagen coherente del mundo. Cuando estás en contacto con esta cualidad, inspiras a que los demás se agrupen alrededor de tu visión —se trate de construir un nuevo centro de atención para adolescentes, de reorganizar una tienda o de entrenar animales para visitar a los niños en los hospitales y alentarlos. En lugar de la confusión y el conflicto, ves un propósito claro y unificador. Esta capacidad te convierte en un líder capaz de reunir a la gente adecuada para apoyar tu idea.

Intuición: La conciencia está siempre observando. Te observa al leer estas líneas ahora mismo. Sin embargo, a diferencia del torrente de pensamientos cotidianos, esta conciencia no está obnubilada por intereses personales; ve la realidad y no la ilusión. Cuando estás consciente, comprendes las situaciones directamente, sin tener que pensar mucho. La intuición llega espontáneamente. Te gusta tratar con la gente porque entiendes sus necesidades —quizá con mayor claridad que ellos mismos. Esto te convierte en líder cuando la meta es hacer que cada persona se sienta comprendida y escuchada.

Creatividad: La conciencia es el punto de encuentro entre lo desconocido y lo conocido. Convierte las mínimas posibilidades en nuevas realidades. Cuando estás consciente, te sientes cómodo aún en estado de incertidumbre —incluso mejoras tu desempeño, porque te das cuentas de que la impredecibilidad es parte de la esencia misma del ser. Es la esencia de la innovación, y tú amas explorar y descubrir nuevas maneras de hacer las cosas. Cuando estás consciente, puedes liderar a otros al alentarlos a ver más allá de las viejas formas y puedes ofrecerles la emoción de reemplazar sus perspectivas gastadas.

Inspiración: La conciencia tiene sus raíces en el amor, la compasión, la fe y la virtud. De acuerdo con algunas de las grandes tradiciones de sabiduría, todo lo que existe surge de un mar infinito de conciencia. Lo mismo aplica para estas cualidades humanas fundamentales. Puede que las perdamos de vista, pero eso no significa que no estén ahí. Nadie tuvo que inventar el amor y la compasión: surgieron del mar de la conciencia. Cuando estás consciente, puedes inspirar a los demás. Los ayudas a ver lo mejor de sí mismos y, al hacerlo, los elevas. En una época donde domina el hambre de transformación personal y redención, es el momento para que hagas la diferencia.

Trascendencia: En última instancia, la conciencia no tiene límites. Existe en el mundo pero siempre va más allá de éste. Todas las grandes tradiciones de sabiduría, surgen de una realidad superior que es indescriptible pero que puede ser experimentada. He aquí la gran maravilla y la principal fuente de admiración. Como declaran los antiguos sabios de India: "No es conocimiento lo que aprendes. El conocimiento es aquello en lo que te conviertes." Cuando absorbes por completo esta revelación, sabes lo que significa trascender. Ya no necesitas viajar a ninguna parte, toda la realidad existe en ti mismo. Eres ejemplo de plenitud porque estás unido con todo y todos los que te rodean. Existes para demostrar que los seres humanos pueden alcanzar el infinito y, siendo quien eres simplemente,

puedes ayudar a que otros alcancen la misma iluminación.

ELEVAR AL GRUPO

Como líder, tratas de elevar la conciencia grupal al siguiente nivel más alto de la jerarquía. Este proceso es
acumulativo —sólo funciona si partes del nivel anterior— de manera que debes asegurarte de comenzar
por el principio. No des nada por hecho. Paso a paso,
puedes desarrollar los siete atributos de la conciencia.
Puedes lograrlo de la siguiente manera:

Equilibrio: Este aspecto silencioso de la conciencia
nos da un fuerte sentido del yo. Cuando un grupo se
encuentra en este nivel, todos se sienten seguros.

Ejercicio: Una de las técnicas más simples consiste en equilibrarse usando la conciencia corporal. Pide
al grupo que se siente quieto y se tome un momento
para entrar en contacto con el cuerpo y relajarse llegando simplemente a estar físicamente presente. Pide
al grupo que esté atento a las áreas de comodidad e
incomodidad.

Como variante de esta técnica básica, pide al grupo que se siente tranquilamente y esté al tanto de su
respiración. Pide a la gente que ponga atención, suave
y fácilmente, a su respiración conforme inhalan y ex-
halan. Otra alternativa consiste en pedirles que sean

conscientes de su corazón. Pídeles que se sienten tranquilos y se concentren, con toda calma y facilidad, en la zona de su pecho que está debajo del esternón. El objetivo no es escuchar o sentir su pulso, sino entrar en contacto con el corazón como centro de la emoción. Deja que surjan cualesquiera sentimientos o sensaciones. Si te incomoda conducir al grupo de esta manera, puedes enseñar a las personas estos ejercicios de uno en uno, en sesiones individuales. Hay muy pocos grupos que no se beneficiarían con estas técnicas para lograr mayor equilibrio, y que además tienen el efecto benéfico de reducir el estrés.

Automotivación: Este aspecto de la conciencia inspira los logros. Cuando un grupo asciende a este nivel, todos sienten que tienen iguales oportunidades de tener éxito.

Ejercicio: Anuncia que la mejor motivación consiste en trabajar desde las fortalezas de cada persona, y que para hacerlo necesitamos conocerlas. Divide al grupo en parejas y dales lápiz y papel. Haz que cada miembro de la pareja escriba tres fortalezas que percibe en la otra persona. Para que las cosas comiencen a andar, pon como ejemplo algunas posibilidades: "Mi compañero es bueno para generar ideas, para hacer que los demás se sientan cómodos, para programar y organizar, es productivo, cumple con los tiempos, es buen negociador, es persuasivo, innovador, etcétera."

Si hay nuevos integrantes en el grupo sugiéreles que escriban sus propias fortalezas.

Después de cinco minutos, haz que las parejas intercambien las listas. Los dos compañeros discutirán ahora las fortalezas que escribieron. Modifíquenlas si surgen dudas o desacuerdos. Luego haz que las parejas hagan planes que ayudarían a maximizar esas fortalezas. (Un formato simple sería: "Para utilizar mejor mi fortaleza, que es _____, sugiero lo siguiente:_____".) La meta en este caso es que cada persona se dé cuenta para qué es mejor y mostrar después que se está dispuesto a utilizar dichas fortalezas. Éste es un método efectivo para detonar la motivación. Cuando alguien siente que sus fortalezas han sido reconocidas y serán utilizadas, su motivación para desempeñarse aumentará naturalmente.

Coherencia: Este aspecto de la conciencia tiende un puente entre las diferencias. La coherencia grupal significa que todos trabajan juntos y comparten los mismos objetivos.

Ejercicio: Siendo realista, no es fácil lograr que un grupo fracturado, dividido, avance en la misma dirección hasta convertirse en un grupo cohesionado. Pero no tienes que lograrlo de inmediato. En lugar de ello, pide al equipo que se divida en parejas según su elección. Cada pareja trabajará como una sociedad. No tienen que realizar las mismas labores, pero compartirán todo lo demás, desde las cosas positivas (como el progreso realizado), hasta las negativas (como la frustración y los obstáculos que dificultan el progreso). Así, cada persona será una tabla de resonancia y una fuente de retroalimentación.

El punto no es asignar el trabajo de una persona a dos, sino crear un vínculo entre compañeros que se preocupan el uno por el otro, que se ayudan y comparten. En su primer encuentro, cada pareja debe ponerse de acuerdo en qué beneficios quieren obtener de su sociedad. Deben reunirse durante unos minutos una vez al día, si es posible, o al menos tres veces a la semana. Al final de la semana el grupo entero se reúne para dar un reporte verbal e informal de lo que cada pareja está haciendo. Luego el grupo puede proceder a una discusión general sobre cómo avanzan en el objetivo general. Al usar parejas en lugar de tratar de traer coherencia a un grupo grande, estás creando vínculos al nivel más personal.

Intuición: Este aspecto de la conciencia genera empatía. Cuando un grupo se eleva a este nivel, cada persona se siente comprendida.

Ejercicio: Una vez más, divide al grupo en parejas, procurando emparejar a personas que no son amigos cercanos. (Hay una razón que justifica esto.) De hecho, la mejor opción sería que fueran extraños. Estando sentados en silencio y relativa intimidad, cada persona le dice a la otra algo que jamás le ha dicho a alguien. No debe ser un oscuro y hondo secreto o una fuente de vergüenza y culpa, sino más bien algo que no ha tenido la oportunidad de comentar con nadie. El siguiente paso consiste en discutir la revelación de cada quién. Una persona puede pedir consejo a la otra respecto del asunto aludido, pero no es necesario. El objetivo de este ejercicio es ser escuchado y comprendido.

Como líder, puedes sentir que compartir confidencias es demasiado personal. En ese caso, procura que cada pareja llene el espacio en blanco de la siguiente oración: "Lo que me gustaría que otros entendieran de mí es _____." Todos, salvo las personas más reservadas, estarán dispuestos a responder esta pregunta. Para el seguimiento, vuelvan a reunirse como parejas una semana después y discutan si cada persona se siente más comprendida.

Creatividad: Este aspecto de la conciencia desenvuelve el futuro de diversas maneras. Cuando un grupo llega a este nivel, abraza lo nuevo.

Ejercicio: La creatividad es un aspecto de la libertad personal, así que descubre si las personas de tu grupo se sienten libres como para dejar que fluya su creatividad. Pide que respondan individual y anónimamente el siguiente cuestionario:

CUESTIONARIO DE LA CREATIVIDAD

Parte 1: Con el objetivo de que nuestro grupo sea más creativo, por favor responde las siguientes preguntas trazando un círculo en el "Sí", en el "No", o en la palabra "Neutral".

Sí   No   Neutral   Las reglas son lo suficientemente relajadas como para permitirme respirar.

Sí   No   Neutral   Me siento apreciado.

Sí   No   Neutral   Existe una mínima presión para el desempeño.

Sí   No   Neutral   Las cosas no están suficientemente organizadas.

Sí   No   Neutral   Las personas se divierten aquí.

Sí   No   Neutral   Las nuevas ideas emocionan a quienes están a cargo.

Sí   No   Neutral   Las nuevas ideas llegan a los superiores rápidamente.

Sí   No   Neutral   El riesgo es recompensado.

Sí   No   Neutral   Se me permite ser independiente al escoger mis tareas.

Sí   No   Neutral   Hay espacio para la diversión.

Sí   No   Neutral   Se me otorga tiempo para mí mismo.

Sí   No   Neutral   Admiro los principios del grupo.

Parte 2: Elige de la lista anterior, jerarquizando de mayor a menor, tres cosas que te permitirían ser más creativo.

#*1* _____
#*2* _____
#*3* _____

Recoge los cuestionarios y suma el número de respuestas positivas, negativas y neutrales para cada apartado. Simultáneamente, haz una lista con las elecciones de la parte 2 que obtuvieron mayor cantidad de votos. En la siguiente ocasión que el grupo se reúna, expón los resultados para discutirlos. Dispondrás de una buena instantánea de qué tan creativas se sienten las personas. También tendrás una buena idea de cuál es el área en que pueden realizarse cambios más rápidamente.

Inspiración: Este aspecto de la conciencia promueve el cambio interno. Cuando un grupo asciende a este nivel, todos los miembros sienten que han encontrado su verdadera vocación.

Ejercicio: La inspiración más duradera proviene de nuestro interior. Pide a cada persona que piense un modelo de rol o arquetipo que él o ella consideren verdaderamente inspirador y que escriban el nombre de ese personaje. El objetivo es ayudarles a expresar las mismas cualidades de ese arquetipo. Por ejemplo, una cualidad puede ser el amor encarnado en Jesús, la compasión de Buda, la fuerza pacífica de Gandhi, la sabiduría de Atenea, el poder de la Mujer Maravilla. Pide que escriban las cualidades específicas que más aprecian en esos arquetipos. Pídeles que se conviertan en la encarnación de dichas cualidades.

He aquí mi propio programa personal para la inspiración. He reservado un lugar especial en mi casa para meditar, y en ese sitio me rodeo con imágenes de mi arquetipo. (De hecho, tengo varios arquetipos, uno de los cuales es Krishna, la deidad hindú.) Cuando termino mi meditación diaria, abro los ojos y miro estas imágenes, concentrándome en la fuerza, el amor y la infinita sabiduría de Krishna. En silencio, pido que estas cualidades crezcan en mí. Sabiendo que los arquetipos son símbolos de la conciencia, uso a Krishna para representar aspectos de mi propia conciencia. Son estos aspectos los que quiero aumentar.

Como puedes ver, este ejercicio no está directamente relacionado a un proyecto o meta grupal, pero si tu grupo ha ascendido al nivel en que todos se sienten cómodos revelando su necesidad de guía superior, pueden compartir sus propias historias inspiracionales de crecimiento personal y sus modelos de rol más admirados. Así, todo aspecto de la conciencia se eleva, porque mientras más cerca se llegue al nivel del alma, más te beneficiará el invisible poder de la conciencia.

Trascendencia: Este aspecto de la conciencia trae liberación. Cuando un grupo se eleva a este nivel, la iluminación es su objetivo conjunto.

Ejercicio: Tradicionalmente, las personas llegan a la iluminación por medio de la disciplina espiritual, es-

pecialmente por medio de la larga y profunda meditación. Nada puede ser más individual. Pero existen tres
aspectos del camino espiritual que pueden compartir-
se y ser muy productivos.

Ser útiles.

Compartir la sabiduría.

Ser una comunidad en espíritu.

Toda tradición de sabiduría ha amalgamado estas tres
prácticas, que en realidad reflejan la misma realidad:
la certidumbre de que cada uno de nosotros es más
que nuestras mentes y cuerpos limitados; somos parte de la infinita conciencia que genera y gobierna el
universo. Por tanto, cada práctica es una manera de ir
más allá del pequeño y limitado yo.

Cuando eres servicial, valoras a otros en la misma
medida que te valoras a ti, haciendo de sus necesidades las tuyas. Cuando compartes sabiduría —por medio de la lectura y la contemplación de las escrituras
del mundo— demuestras que tu verdadero compromiso es con el alma. Cuando te organizas como una
comunidad de espíritu, declaras que vivir desde el nivel del alma puede unir pacíficamente a la gente de
cualquier origen. El efecto global consiste en elevar-
se a un nivel de existencia, el nivel encarnado por los
grandes santos y sabios. Ellos representan lo máximo
en el ámbito de los visionarios exitosos.

LA CONCIENCIA PUEDE TRANSFORMAR

Nada tiene más poder para transformar que la conciencia. Cuando estás completo en tu interior, las peores condiciones del mundo pasan a segundo plano. Hace algunos años, tomé un barco a la Isla Robben, que está cerca de Cape Town, en Sudáfrica. Azotada constantemente por un oleaje atlántico suficientemente fuerte como para romper o averiar cualquier barco que en desventura se topara con él, esta isla se consideró ideal para albergar leprosos en alguna época. Construyeron ahí una prisión para presos políticos, uno de los cuales sería Nelson Mandela.

En 1964, Mandela fue sentenciado por sabotaje y por tomar parte en varias actividades anti *apartheid*. Afortunado por escapar a la condena de ahorcamiento, recibió en cambio una condena de cadena perpetua. Hoy, los visitantes pueden ver por sí mismos la minúscula celda y el catre de hierro donde Nelson Mandela pasó dieciocho años de su vida. Además del catre, el único mobiliario es una pequeña mesa y una lata con tapa que hizo las veces de excusado.

Al caminar por la prisión, que ahora es preservada como monumento a la memoria del movimiento de liberación, uno puede sentir el pesado aire de la opresión. Para Mandela, la vida diaria era la peor de las peores. Debido a que su delito era político y dado que era negro, Mandela recibió la peor y más escasa de las raciones alimenticias. Durante los primeros quince años de su cautiverio, antes de que le dieran una cama, durmió en el suelo. Realizó trabajos forzados en la cantera y se le permitía recibir una carta y un visitante cada seis meses.

¿Cómo pudo un líder de ese calibre surgir de tan inhumanas condiciones? Hablar de motivación lisa y llana sería caer en el error. La motivación eleva temporalmente el espíritu, pero es difícil sostener ese estado. La inspiración es más duradera, y la inspiración de Mandela vino de su excepcional conciencia, que él eligió desarrollar aún más durante su desgracia. Mandela fue a prisión siendo un rebelde temperamental que admitía la violencia. Surgió de la cárcel tras veintisiete años como un hombre transformado, firme aún en sus convicciones, pero habiendo renunciado a la violencia y habiendo trascendido los abismos del odio y la amargura. Guiado por su conciencia iluminada, el Congreso Nacional Africano cambió su énfasis: en lugar de centrar sus ideales en la dominación negra, los dirigió a la creación de un país unido que incluyera a todas las razas, sin desear mal a nadie.

Como padre de una Sudáfrica libre, que nació sin el baño de sangre que siempre se había predicho, Mandela se elevó a la altura de un santo secular. No obstante, las cualidades personales que desarrolló provinieron de una fuente que todos tenemos en común: la conciencia. Ésta es la fuente de inspiración, de desarrollo y de trascendencia, cualidades que surgen cuando la conciencia del líder se expande. También están disponibles para ti. Las semillas de grandeza fueron plantadas en ti en el mismo momento en que se te otorgó conciencia. Si sigues el camino interior usando la verdad y la claridad como puntos de referencia, el mundo exterior no puede sino responder a tu intención. Sus respuestas exactas pueden ser impredecibles, pero por medio de su apoyo, se te probará una y otra vez que has elegido el camino correcto.

LAS LECCIONES DE LA CONCIENCIA

- Liderar desde el alma significa expandir tu conciencia para satisfacer las necesidades de los demás. Conforme aumente tu conciencia, poderes invisibles comenzarán a apoyar tu visión.
- La conciencia tiene sus propias cualidades innatas. Una vez que las cultives en ti mismo, puedes elevar la conciencia de aquellos a quienes lideras y sirves.
- El objetivo último de la conciencia es ser transformado. Más allá de cualquier deseo específico, está la imperiosa necesidad de ser completamente liberado. Cuando llegas a ese punto, tú y tu visión son uno.

QUÉ HACER HOY

La conciencia es innata —no tienes que buscarla fuera de ti. Pero la conciencia expandida debe cultivarse.

Hoy puedes comenzar a andar el camino que lleva a la conciencia ilimitada. Los pasos son sencillos, como verás en breve. No tienes que adoptar todo el programa de una sola vez. Regresa a esta sección como si fuera un mapa del camino. Sea cual sea tu punto de inicio, el camino a una conciencia superior está siempre abierto.

Tu programa de conciencia

- Deja de luchar.
- No dejes de escuchar a tu voz interior.
- Medita para alcanzar la esencia de tu conciencia.
- Pon a prueba tus límites.
- Procura estar centrado, en equilibrio.
- Ve más allá de tus creencias personales.
- Obtén información de todas las fuentes disponibles.
- Aprende a tener intenciones claras.
- Valora la paz interna.

Aún cuando la conciencia es invisible, dar estos pasos hará que los beneficios de la conciencia expandida sean evidentes muy rápido.

Deja de luchar: El primer paso consiste en darte cuenta de que la vida no está hecha para luchar, y que el líder no se forma con base a su rudeza al enfrentar obstáculos. En lugar de ello, podrías ayudar a otros a ver que es posible encontrar apoyo dentro de sí mismos, aprovechando los caminos más cortos, más rectos y menos difíciles para alcanzar resultados. Hasta que verdaderamente pongas a prueba una nueva manera de hacer las cosas —al estilo de la conciencia expandida— estarás haciendo variantes y remodelando tu viejo sistema de creencias.

No dejes de escuchar a tu voz interior: No importa qué tan hábil te hayas vuelto para enfrentar los retos, a fin de cuentas toda decisión se pone a prueba en el interior. Ya sea que lo llames escuchar a las entrañas u obedecer a la voz que está dentro de ti, el proceso es el mismo. Pero no todas las voces interiores son iguales, o igualmente fidedignas. Un líder escombra capas de opiniones de segunda mano, tensiones, ansiedad, pensamiento grupal y demás opiniones diversas. Sólo cuando encuentra la voz interior que está casi en silencio, ha localizado la voz que debe escuchar. Comienza a buscar esa voz hoy mismo.

Medita para alcanzar la esencia de tu conciencia: La práctica de la meditación tiene enormes implicaciones para la conciencia. Esperar dentro de ti es un nivel de ser silencioso. Es la fuente de tu conciencia y el vientre materno de la creación. Todas las soluciones se hallan ahí, lo mismo que todas las posibilidades. Cuando meditas y alcanzas este nivel de ti mismo, algo mágico sucede. Todos los límites desaparecen. Si pudieras mantener este estado ilimitado permanente-

mente, alcanzarías la iluminación, que consiste únicamente en residir en el estado de conciencia pura, en
que todas las posibilidades coexisten en éste y en todo
momento. Aunque muy pocos de nosotros llegaremos
a la iluminación, tú y yo podemos experimentar este
estado ilimitado por instantes. Cada visita a este nivel
de tu conciencia refresca tu mente y tu cuerpo como
nada más puede hacerlo.

Pon a prueba tus límites: Volverte más consciente
es un proceso interno, mas no pasivo. La meditación y
la vuelta hacia el interior también pueden convertirse
en poderosísimos agentes de cambio en el mundo exterior. Pueden mejorar tu vida significativamente, así
como ayudar a satisfacer las necesidades de los demás.
Cuando termines tu meditación y vuelvas al territo-
rio del estrés, la turbulencia, el conflicto emocional, la
confusión y la competencia, hazlo con esta intención:
Quiero saber de qué estoy hecho. No estás hecho de una misma materia. Cambia todos los días. No obstante, la
conciencia subyacente es siempre la misma.

No sugiero que te lances a buscar pruebas difíciles que
abrumen tu conciencia. Poner a prueba significa revisar
un límite o frontera para saber si se ha movido. Hasta un
pequeño cambio basta. No necesitas superar resistencias
tremendas para probarte. Más bien lo contrario: de hecho, estás expandiendo tu zona de comodidad. Conforme se expande la conciencia, también se expanden las
áreas en las que te sientes fuerte, confiado y capaz.

Procura estar centrado, en equilibrio: Tu centro es un lugar de poder. Cuando permaneces equilibrado, centrado, el universo canalizará todo lo que necesitas. Es como si tus acciones fueran superfluidos, un término utilizado en física para describir el estado de no resistencia y no fricción. Los líderes que manejan la tensión excepcionalmente bien, no se contienen; más bien se mantienen en equilibrio. ¿Cómo se hace eso? Primero, debes saber qué se siente estar centrado, si es que no lo sabes todavía. Como ya hemos dicho, la meditación es una buena manera de experimentar este estado. Estar centrado o en equilibrio es natural para todos nosotros, y puedes darte cuenta de ello por las siguientes evidencias:

Tu mente está tranquila. El caos de pensamientos se ha ido.

Te sientes seguro y confiado.

Nada te preocupa.

Tienes un fuerte sentido de ser en el mundo.

Sientes una energía silenciosa, tranquila, pero intensa por el hecho de estar vivo.

Tu atención se concentra completamente en el presente.

Todos hemos experimentado momentos semejantes de vez en cuando. Es tu responsabilidad cultivar la capacidad de vivirlos. Cuando te encuentres en situaciones difíciles en que hay fuerzas jalándote en todas direcciones, puedes localizar la zona calma de tu interior a la que ya te hayas acostumbrado. Tendrás acceso a tu lugar, a tu centro de poder, el punto calmo en un mundo convulso.

Trasciende tus creencias personales: Mientras más fuertes sean tus creencias, más estrecho será tu punto de vista. Las creencias férreas son signo de límites restrictivos y conciencia constreñida. Todos tenemos la imagen de que nuestros líderes son pilares de fortaleza que no pueden ser sacudidos en sus creencias esenciales y, en algunas situaciones, como las guerras o las convulsiones políticas extremas, pueden ser necesarios este tipo de líderes. Pero a final de cuentas, suele tener éxito la persona flexible que puede ver la situación desde todos los puntos de vista y estar alerta para advertir cambios sutiles. Ser capaz de ver más allá de tus creencias esenciales es un paso vital para superar tus propios límites. Tu actitud debe ser la siguiente: "Pienso que tengo razón, pero eso no significa que no pueda ver todas las facetas del asunto".

Obtén información de todas las fuentes disponibles: Existe una gran diferencia entre ser centrado y ser egocéntrico. Cuando estás centrado, la información proviene hacia ti de todas direcciones. Eres como el centro de control en el que reúnes tantos puntos de vista como puedes. Sin embargo, cuando eres egocéntrico, el ego toma el mando. Te convences de que tu idea es la mejor simplemente porque es la tuya. Al principio es difícil distinguir entre ambas situaciones. La mayoría de los líderes temen parecer débiles o confundidos. Valoran tanto el ser decisivos que les cuesta trabajo tomar en cuenta otras opiniones. Pero mientras más puntos de vista absorbas, más amplia será tu conciencia.

Un gran líder practica lo que parece ser un tipo especial de alquimia. Escucha a todos los que lo rodean, aceptando lo que todos tienen que ofrecer pero cuando se trata de tomar una decisión final, la respalda con total convicción. No se trata de magia. Si no permaneces en equilibrio, sucede justo lo opuesto: mientras más voces escuches, más vacilas. Como líder, debes aprender que si quieres evitar la indecisión, la respuesta no consiste en tomar las decisiones solo e insistir en imponer tu punto de vista. La respuesta consiste en abrirse a todas las influencias, pero sin ser barrido por ninguna.

Aprende a tener intenciones claras: Un buen líder se siente cómodo dando órdenes y haciendo que éstas se cumplan. Un gran líder va un paso más allá: tiene una intención y toma medidas para hacerla realidad, entonces deja que el resultado llegue por sí solo. Claro que aún se necesita actuar. No se trata de formular un deseo y soplar una vela para que éste se cumpla. Sin embargo, dado que la intención reside en el nivel más hondo de la conciencia, se trata de algo muy poderoso. Habiendo expresado una intención completamente clara desde lo más hondo de tu conciencia, puedes esperar que las fuerzas de la naturaleza te apoyen y, al hacerlo, debes obedecer las señales que la situación te envíe. Tal vez debas hacer muy poco o tengas que luchar contra probabilidades muy adversas.

Ambos extremos son posibles, pero la realidad es que tu intención te está llevando a un resultado.

Nuestra sociedad, que es de corte materialista, no nos enseña que las intenciones tienen su propio poder, aunque se nos dice que sigamos nuestros sueños, que más o menos equivale a tener una intención clara —un designio, un sueño que te guía día a día. Yendo más allá de esta noción vaga de seguir un sueño, debes darte cuenta de que las intenciones se convierten en realidad cuando se dan las siguientes condiciones:

Deseas desde un nivel profundo de la conciencia.

Tu deseo es congruente con lo que eres.

Confías en que el universo puede procurar el resultado que quieres.

Te relajas y no forzas el asunto.

Debes resolver tu conflicto interno y la confusión.

Permaneces alerta a recibir cualquier retroalimentación, sin importar qué tan débil sea.

Acudes a tu interior para descubrir qué se necesita a continuación.

Es raro poner una moneda y que la máquina te dé el premio que quieres (aunque a veces resulta así). El camino para hacer que un deseo se vuelva realidad es estar consciente de cada paso del camino. Comienza a caminar por esta senda desde ahora. Las pequeñas intenciones guían el camino, pero incluso los más grandes deseos se logran dando los mismos pasos.

Valora la paz interna: En esta sociedad anunciamos orgullosos cuánto café tomamos y celebramos el estatus de adictos a la adrenalina. Rodeados de caos y estrés, la gente confunde el estar excitada con el estar viva. No hay duda de que un aumento de adrenalina puede hacerte sentir por las nubes —por unas horas. Conforme la adrenalina se esfuma, el cuerpo y la mente quedan exhaustos y, con el paso del tiempo, los efectos negativos de estrés te pasan la factura. Te enfrentas a un callejón sin salida si piensas que debes estar tan revolucionado como tu entorno. Nadie se desempeña mejor estresado, sin importar que estén convencidos de lo contrario. El estado más productivo del ser es la paz. A muchos líderes les cuesta trabajo entender esto. Intercambian el presente por el futuro, arrojándose a situaciones caóticas con la promesa de que un día, dentro de algunos años, tendrán tiempo para descansar.

Estamos ante una oferta diabólica. La paz debe estar contigo, aquí, en este momento, o no existe. Al decir paz no me refiero a la pasividad. La paz nada tiene que ver con el letargo o la falta de involucramiento. La verdadera paz es un estado vibrante. Está viva y llena de potencial a la espera de que sucedan grandes cosas. Se trata del momento que antecede el advenimiento de una nueva vida. El primer paso para obtener esa paz es valorarla. La conciencia te da más de lo que valoras —esa es una regla básica de la conciencia. Así que valorando el estado pacífico con su silencio interior, lo invitas a formar parte de tu vida diaria.

Conforme se expande tu conciencia, te convertirás en una persona más útil al mundo. Debido a que estamos tan acostumbrados a concebir a los líderes como figuras de autoridad, nos cuesta trabajo entender que liderar es servir. Pero esto se hace claro cuando te das cuenta de que servir no es sacrificarse: es la expresión natural y calma de tu estado de conciencia. (Me acuerdo de un aforismo: "No puedo escuchar lo que dices porque quien eres me ensordece.") De modo que, ¿quién eres? Eres tu conciencia, en cada fibra de tu ser.

EMPEZAR A ACTUAR

Un líder está orientado a la acción. Sólo por medio de la acción puedes dar vida a una visión. No obstante, la visión y la acción deben ser compatibles; para lograr esto se requiere capacidad. Esa capacidad comienza poniendo manos a la obra, llenado de energía a quienes te rodean y reclutándolos para lograr tu misión.

Cada situación exige la acción correcta. Como líder, debes identificar el rol que se espera que desempeñes. Si eres consciente, el rol mismo terminará llamándote. Los visionarios exitosos son capaces de desempeñar cualquier rol —su flexibilidad proviene de la infinita flexibilidad del alma.

Actuar es distinto cuando lideras desde el alma. Se convierte en un no hacer, que es igual a permitir. Te haces a un lado y dejas que tu alma actúe a través de ti, sin lucha, preocupación o resistencia. No hacer es distinto a no hacer nada. Es la manera más poderosa de liderar, porque confías en lo que tu alma quiere para procurar el mejor resultado posible. Tu papel es sintonizar y atestiguar qué tan perfectamente la vida puede organizarse cuando el alma está a cargo.

Nos hemos estado concentrando en el aspecto de la visión del "visionario exitoso", pero no puede haber éxito sin acción. Una vez que el líder señala el camino, se supone que todos deben seguir esa dirección. La carga del liderazgo es que los resultados son siempre impredecibles. La queja más común que uno escucha de los líderes es que cada minuto del día deben elegir entre un curso de acción u otro. Esto les deja muy poco tiempo para cultivar el nivel más profundo del ser. En un mundo en que el futuro no puede controlarse, es temerario ignorar a la acción misma, que es la esencia del propio ser, el alma.

Ahora, ya tienes una gran ventaja sobre la mayoría de los líderes. Has aprendido sobre el poder oculto de la vinculación emocional, y conoces el valor de la conciencia expandida. Tus acciones, cuando tienen sus raíces así de profundo, provendrán directamente de tu visión. Pero también enfrentas el reto de hacer que tus acciones sean tan efectivas como sea posible. Actuar es una habilidad. Se basa en cinco pasos que hacen la diferencia entre el éxito o el fracaso. Cuando estás en una posición de mando o de ejercicio del liderazgo:

1. Oriéntate a la acción. La atmósfera que te rodea debe ser dinámica. Todos en el grupo deben sentirse energizados por la llamada a la acción.

2. Actúa como modelo a seguir. Debes estar dispuesto a hacer las mismas cosas que le pides a los demás que hagan. Así lograrás que otros actúen. Un líder no tiene que desempeñar los trabajos que asigna; aún así, si puedes, hacerlo representa una gran ventaja. Un líder sirve como modelo al brindarse completamente.

3. *Comprométete a valorar la retroalimentación buena y honesta.* Demuestra que quieres escuchar la verdad, y cuando ofrezcas retroalimentación a otros, debes ser franco y positivo. Primero y principalmente, enfatiza las contribuciones de los demás.

4. *Sé persistente.* Siempre existirán los reveses y los obstáculos. El curso de cualquier proyecto significativo nunca carece de contratiempos. Cuando los demás se preocupen por el fracaso, tu persistencia indeclinable es un valor muy apreciado.

5. *Tómate tiempo para celebrar.* Cada vez que haya un logro significativo, crea una atmósfera de celebración. El trabajo y nada más que el trabajo terminará por agotar en entusiasmo de la gente. Al celebrar a lo largo del camino, das a todos una probadita adelantada del éxito final.

Un líder visionario no estará satisfecho con conformar un equipo de personas competentes y calificadas. Aunque eso es muy importante, es más importante aún demostrar al grupo —y al mundo entero— que tus acciones son auténticas. Cada vez que te toque dirigirte a un grupo recuerda la verdad expresada por Ítalo Magni, un conferenciante premiado: "Si hablas con tu cabeza, hablarás a sus cabezas. Si hablas con el corazón, llegarás a sus corazones. Si hablas con tu vida, harás contacto con sus vidas."

Estas palabras pueden ser puestas en práctica inmediatamente. Llama a tu grupo y, frente a todos, haz un compromiso personal. Promete invertir tiempo, atención, energía, contacto personal y financiamiento (si es apropiado). Sé específico. No se trata de palabrería o de un impulso momentáneo. Tu grupo merece saber exactamente qué tan involucrado estás.

Ahora recorre la habitación y pide a cada persona que exprese su compromiso. Pregunta qué están dispuestos a invertir. Cuando todos lo hayan hecho, tendrás un plan de acción funcional. Conforme se progrese, toma en cuenta el compromiso realizado por cada uno. No escatimes los recursos que prometiste invertir. No olvides que sólo veinte por ciento de la gente en el lugar de trabajo reporta que su jefe está dispuesto a invertir en su relación con ellos. Nada es más importante si quieres lograr que los demás actúen.

Asegúrate de que mantienes al grupo al tanto del progreso en cada etapa del camino hacia el objetivo final. Asegúrate también de que todos tengan en mente que valoras la retroalimentación. Y, por último, asegúrate que nadie sea dejado de lado en este proceso.

LA ACCIÓN CORRECTA EN TODA SITUACIÓN

Si estás atento, toda situación te dirá qué camino es el correcto y cuál es equivocado. Cada una de las siete situaciones que hemos discutido clama su propia clase de acción.

1. Protector: Tu rol es el de ser gerente de crisis. Como modelo, debes mostrar confianza y fortaleza. Entras en acción yendo al centro mismo de la crisis y manteniéndote ahí tanto como se requiera. Buscas retroalimentación constante para estar al tanto de los cambios de la crisis. Tu persistencia asegura que cada aspecto de la crisis sea atendido, sin descuidar todo aspecto previsible. Cuando la crisis haya pasado, tu equipo completo celebra con aquellos que fueron salvados de la amenaza, dándoles un sentimiento de seguridad y liberando la tensión y el estrés que toda crisis crea.

2. Triunfador: Tu rol es ser motivador. Como modelo, tú eres el ganador, el que compite exitosamente. Tomas el toro por los cuernos logrando recompensas tangibles a todo el grupo, no sólo a ti. Buscas historias de éxito, pero también estás atento a las cosas que la gente está menos dispuesta a compartir: sus dudas y los obstáculos que bloquean el camino al éxito. Persistes a pesar de la competencia y de los reveses, que son inevitables. Alientas a que el grupo se percate de que todo reto puede superarse. Cuando finalmente se logra el éxito, celebras al compartir el crédito y las recompensas, señalando la contribución particular de cada persona y permitiendo que la alegría tenga su día.

3. Formador de equipos: Tu rol es el de negociador. Como modelo, convences al grupo de que apoyas los objetivos compartidos y no las rivalidades y divisiones. Pones manos a la obra siendo justo y sin mostrar favoritismos. La retroalimentación que buscas es el acuerdo. El desacuerdo es inevitable, y permaneces alerta en busca de rupturas potenciales en el grupo, de modo que se puedan arreglar antes de romper la unidad. Persistes al reconciliar las diferencias, aunque cada parte puede ser testaruda y aferrarse a su posición. Cuando ya has logrado la unidad del grupo, celebras relajándote grupalmente fuera del trabajo, al encontrar una actividad que todos pueden disfrutar juntos. Permite que el grupo sienta solidaridad sin la presión de cumplir con una fecha límite.

4. Apoya: Tu rol es ser consejero. Como modelo, expresas simpatía y comprensión a cualquiera que acuda a ti con problemas o necesidades. Tomas al toro por los cuernos al nunca juzgar; tu empatía se extiende a todos, porque todos pasamos por momentos difíciles. La retroalimentación que buscas es cualquier signo de que la gente se siente escuchada y comprendida. Por otra parte, también estás alerta a cualquier signo de desaliento o marginación del grupo. Persistes al dar seguimiento a las personas que te necesitan, estando pendiente de su situación y comprometiéndote en la construcción de una relación verdadera. La celebración se lleva a cabo con cada persona en lo individual, cuando eres capaz de compartir las alegrías íntimas y la paulatina sanación de otros.

5. Innovador: Tu rol es el de catalizador. Como modelo, alientas las nuevas ideas y demuestras que te sientes cómodo frente a lo desconocido —de hecho, te emociona. Pones manos a la obra creando un espacio para que la creatividad florezca y alentando las primeras muestras de un descubrimiento prometedor. La retroalimentación que buscas consiste en cualquier signo de innovación. Mantienes levantadas las antenas en busca de signos de progreso, alejando al grupo de los callejones sin salida y de las líneas de investigación menos prometedoras. Cuando el descubrimiento se realice, celebras apreciando en grupo la belleza y la maravilla de ser pioneros.

6. Transformador: Tu rol es inspirar. Como modelo, ejemplificas una llamada desde lo alto y tu voz amplifica la voz interna que llama a que toda persona sea transformada. Entras en acción al vivir conforme a los valores que predicas. La retroalimentación que buscas consiste en buscar cualquier signo de un cambio interno en tu grupo —mismo que puede ser tan grande como una sociedad entera. Procuras destacar la evidencia que señala que las personas están actuando de acuerdo con su mejor naturaleza. Persistes al demostrar compasión, sin importar qué tan seguido resbale o muestre debilidad la gente. Las celebraciones que encabezas suelen ser rituales de agradecimiento y adoración. El grupo se une como si se tratara de los hijos de un poder mayor.

7. Sabio y vidente: Tu rol es pura luz. Has llegado al estado más alto de la conciencia. Como modelo, eres un alma santa y purificada. Pones manos a la obra al emanar las cualidades mismas del Ser —amor, verdad, paz y honda sabiduría. Lo que hagas es casi irrelevante. Tu retroalimentación es todo y cualquier cosa simultáneamente: el sabio acepta que cada persona está siguiendo un camino único que debe honrarse. Persistes al comprender la naturaleza humana bajo cualquiera de sus formas. Celebras al fusionarte con el Único, el campo del ser puro que es la fuente de todo. Otros celebran absorbiendo tu paz interna y alegría.

Dado que la naturaleza humana es complicada, a ti te corresponde identificar el rol que necesitas desempeñar. Si estás preparado al nivel de la más profunda conciencia, todo rol está abierto a ti. Los líderes más poderosos de la historia, como Gandhi, Churchill y Lincoln, desempeñaron los siete roles, lo cual resultó clave para su grandeza.

Cada situación clama por una respuesta flexible, pero algunos valores no pueden comprometerse si deseas desempeñar el rol exitosamente. Esos valores vienen de tu interior. Sin ellos, un líder terminará desgarrado por los conflictos que le llegan de todas partes. No tengas un ego tan fuerte que no pueda doblarse; en lugar de ello, para resolver un problema, detecta dónde y cuándo es necesario doblarse y dónde y cuándo no.

LO QUE NO ES NEGOCIABLE

El protector: No dejaré de ser equilibrado. Si no me siento fuerte y seguro, no puedo manejar la crisis en turno.

El triunfador: Siempre confiaré en mí mismo. Si no siento que tendré éxito, no puedo motivar a los demás al triunfo.

Formador de equipos: No dejaré de lado mi imparcialidad. Si no trato a todos con justicia, no podré persuadir a los demás para que dejen a un lado sus diferencias.

El que apoya: No negociaré con mi intuición. Si no puedo ver bajo la superficie para descubrir cómo se siente realmente la gente, ellos no se sentirán comprendidos.

Innovador: Nunca cederé mi curiosidad. Si no estoy abierto a todas las posibilidades, no puedo liderar el camino hacia nuevos descubrimientos.

Transformador: No dejaré de lado mi visión moral. Si no estoy inspirado, no puedo conducir a los demás a una forma superior de vida.

Sabio y vidente: Soy único porque no hay nada a lo que pueda renunciar. El universo trae todas las cosas y se las lleva. Al estar conectado al ciclo de creación y destrucción, contengo a ambos.

Estos valores internos serán tu cimiento en las situaciones más difíciles. No negociarás con ellos porque forman parte de ti. Cederlos sería como desgarrarte a

ti mismo. La forma más segura de saber si en verdad
te ajustas al rol que estás desempeñando es estar totalmente seguro de qué comprometerás y qué no comprometerás bajo ninguna circunstancia.

ACTÚA INTELIGENTEMENTE

Aún cuando ya estés desempeñando tu papel, hay
ciertas claves específicas que te llevarán a actuar exitosamente. Recuerda: no se trata de qué tan bien te
quede el papel. Lo que determina tu grandeza como
líder es la prueba última de la acción, el tipo de acción
que es clara, decisiva y que lleva al resultado deseado.
Imagina que estás a cargo de manejar una emergencia
como el huracán Katrina o una fuga masiva de petró-
leo. Estando al mando, presente en el lugar de los hechos con tu equipo, debes actuar decididamente en el
menor tiempo posible. Tres rutas se te presentan como
opciones.

A: Estableces una cadena de mando con Washington. Tu manual contiene procedimientos aprobados
para enfrentar este tipo de emergencias. Aún cuando
reina el caos por doquier, esperas órdenes de arriba.
Tienes trabajo que hacer, pero hay una manera correcta de hacerlo. Al cuidarte a ti y a tu trabajo, no estás haciendo nada mal: estás siendo leal a los poderes
que están por encima de ti.

B: Sigues el curso de los acontecimientos, valoras la situación de emergencia desde el lugar mismo de los hechos. Vas a los lugares que mayor daño han sufrido para poder ayudar donde más se necesita. Te reportas a Washington regularmente pero asumes la mayor parte de la responsabilidad. Es tu problema, pase lo que pase. Como un general que manda a las tropas en el campo de batalla, das órdenes con decisión esperando ser obedecido. Gracias a la confianza que tus superiores te tienen, nunca pierdes el control de la situación.

C: Visitas el sitio de la destrucción diariamente, pero además de eso, te haces a un lado. Delegas tu autoridad al entender que tus tenientes quieren y deben tomar decisiones por sí mismos. A cada paso del camino valoras quién es mejor para resolver determinado problema. Improvisas tus métodos. No dudas en tomar riesgos porque sabes que las emergencias requieren de los logros más sobresalientes, y estos no llegan sin riesgos considerables. Te fijas objetivos y tiempos casi imposibles de cumplir que, sin embargo, se cumplen.

Estos tres estilos de acción pueden parecer muy familiares. En una era de cobertura mediática continua, el público ve cómo se atienden las emergencias. El primer tipo de líder (un miembro del equipo que jamás rompe las reglas), puede ser diferenciado instantáneamente del segundo tipo de líder (que responde con un compromiso personal intenso y monitorea la crisis él mismo en el lugar de los hechos). Pero el tercer tipo de líder no se ve tan fácilmente porque toma un curso de acción que es impredecible y espontánea. Hace más en lo interior que en el exterior. Puede estar intensamente comprometido o aparentemente distanciado, según se lo indique su guía interno.

Este tipo de líder elige constantemente cómo actuar. Sea cual sea la emergencia, trabaja desde la base de la conciencia. Sus actos son los más inteligentes de los tres porque va más allá de su propia perspectiva, tratando de valorar la emergencia desde tantos puntos de vista como le sea posible, teniendo así una imagen completa de los sucesos. La inteligencia es una cualidad de la conciencia. Es personal, en cuanto a que una persona puede ser más inteligente que otra. Pero esa es una distinción limitada. Un gran líder no tiene que poseer un cociente intelectual elevado en el grupo. Su talento es extraer tanta inteligencia como pueda, acudiendo a todos los puntos de vista.

Podemos describir sus métodos por medio de las siguientes acciones, que se aplican a toda situación de liderazgo, no sólo a las crisis y las emergencias. Sin importar qué rol desempeñes, puedes actuar inteligentemente:

- Procura que el grupo rinda lo más posible para que la gente vea que se implementa una visión y que ésta puede ser llevada a cabo. Evita la repetición y la rutina.
- Mide cada paso en dirección a la consecución de la meta. Las metas mensurables son tangibles y visibles. La información se comparte y es co-

nocida por todo el grupo. Evita ser impreciso y vago.

- El acuerdo debe ser la base de las decisiones. Avanza con el acuerdo de todos los participantes. Evita las acciones unilaterales y las reglas arbitrarias.

- Lleva un registro del progreso realizado. Permite que todos sepan que él o ella forman parte de una historia, de un viaje en curso. Evita los procedimientos arbitrarios y sin sentido.

- Las metas deben ser cumplidas en tiempos determinados. Estos límites de tiempo no son restrictivos; al contrario, liberan a cada miembro para que encuentre su propio ritmo sin dejar de estar atento a la fecha límite. Evita las fechas de cumplimiento abiertas.

Al decidirte a actuar inteligentemente, evitas dos grandes errores del liderazgo inadecuado. El primero es el ego, es decir, el apoyarte en ti mismo como la única autoridad, el centro de atención, como la persona que tiene que tener razón. El otro error consiste en la falta de interacción. La inteligencia existe en todas partes del universo, en cada célula de nuestro cuerpo y en toda persona. Por tanto, la manera más eficiente de acceder a ella es ampliar tus horizontes —mientras más lejos arrojes tu red, más sabrás.

Mucho depende de tomar el curso correcto en lugar del erróneo. La diferencia no está en el incierto futuro, sino en ti y en la autenticidad de tu visión. Tú eres la fuente. Contigo y en ti se encuentra la chispa. Tu posición es única dentro del grupo. Para asegurarte de que en verdad actúas desde el alma (el sitio en donde comienza todo curso de acción correcto), no dejes de formularte las siguientes preguntas:

¿Representan tus acciones a la naturaleza esencial del grupo?

¿Estás actuando de acuerdo con lo que tu visión demanda?

¿Tu acción responde a las necesidades expresadas?

¿Estás haciendo lo que prometiste a todos que harías?

¿Estás removiendo las resistencias que obstaculizan tus intenciones?

¿Estás reafirmando la alegría y la plenitud que resultará de una acción exitosa?

EL ASPECTO ESPIRITUAL DE LA ACCIÓN

El signo clásico de que una persona está liderando desde el alma, es que deja de luchar y deja que la vida se desarrolle. En las tradiciones espirituales orientales, esta aproximación suele llamarse a veces "no hacer", lo cual se considera más poderoso que la acción. De hecho, puedes lograr más con menos cuando practicas la no-acción. Es muy distinto a no hacer nada. Imagina que estás en un evento deportivo, como un partido de futbol americano o de beisbol. Ha llegado un momento emocionante —un pase de último minuto en pos de la anotación o un batazo largo que amenaza con volarse la barda. En el campo, el receptor o jardinero sabe que todo depende de él. Su cuerpo y su mente están en estado de máxima alerta. Las cosas suceden rápido y la diferencia entre el éxito y el fracaso es cuestión de segundos.

En esas situaciones, los atletas reportan que, a veces, entran a lo que llaman "la zona". A pesar de la tensión del momento, se sienten extremadamente relajados. El ruido ensordecedor de la multitud desaparece y es reemplazado por el silencio. El jugador se siente calmo y sabe, con toda certidumbre, que atrapará la pelota. A veces sienten que están atestiguando sus propios actos, como si no estuvieran involucrados en el asunto y la pelota estuviera destinada a llegar a un lugar exacto en el espacio y el tiempo. Los espectadores no se dan cuenta de que el jugador se encuentra en "la zona". El exterior permanece idéntico, pero la experiencia interior es dramáticamente transformada. La lucha se ha convertido en permitir las cosas. El actuar ha cruzado una línea invisible que se convierte en un no-hacer.

No puede predecirse cuándo se estará en la zona, pero puedes aprender a preparar las cosas para ésta. A veces sometemos a nuestros cuerpos a un esfuerzo extremo, pero la mayor parte del tiempo nos hacemos a un lado y dejamos que el cuerpo haga lo que sabe hacer. El corazón, los pulmones, los riñones y el cerebro no operan con menor eficiencia cuando nos hacemos a un lado. De hecho, si te preocupas por tu presión sanguínea, es probable que ésta suba. Si tratas de forzarte a recordar una palabra, es menos probable que la recuerdes. Hay una línea muy fina entre dejar que la inteligencia corporal opere por sí misma y tomar el control. Las enseñanzas orientales respecto de la no-acción, afirman que así como puedes hacerte a un lado para dejar de controlar tu cuerpo, así puedes hacerte a un lado para dejar de controlar la vida dejando que opere por sí misma. Tu vida funcionará muy bien si no la controlas. Tu vida aún fluirá, se desarrollará, crecerá y evolucionará. Al permitirlo, te conviertes en testigo de lo que quiere tu alma, y dado que confías en tu alma, lo que ella quiere coincide perfectamente con lo que tú quieres. Cuando esa fusión tiene lugar, el estar en "la zona" no es una cuestión de momentos mágicos del mundo deportivo. Es una forma de vida.

Un visionario exitoso ha llegado a la etapa en que el no-hacer es natural. Habiendo experimentado cómo es dejar que la vida se desenvuelva sola, él o ella poseen una gran ventaja. Su aproximación al liderazgo puede obviar la lucha, la preocupación, el estrés y el control que derrotan a muchos proyectos valiosos. Dejar que tu alma haga el trabajo es la manera más eficiente de liderar, así como la más espiritual. En particular, cuatro principios operan a nivel del alma:

La conciencia tiene poder de organización.

La conciencia da saltos cuánticos respecto de la creatividad.

La conciencia se mueve en dirección al crecimiento.

La conciencia crea orden a partir del desorden.

Ahora, sustituye la frase "la conciencia" por al palabra "yo". Estos cuatro principios existen por medio de ti. Tú los activas. Éste es el verdadero significado de la acción como alma del grupo. Al permitir que tu alma actúe por medio de ti, se abre un camino para que las personas con las que trabajas puedan activar sus propias almas. De cualquier manera, cuando luchas, te preocupas y tratas de controlar las cosas, bloqueas la influencia del alma. Un visionario exitoso da pasos prácticos para asegurarse de que esto no suceda. Para cada uno de los cuatro principios, existen cosas que debemos hacer y otras que debemos evitar.

La conciencia tiene poder de organización.

Lo que debes hacer: Deja que las cosas tomen su lugar. Cuando algo se atore, primero ve qué sucede mientras esperas. Actúa cuando te sientas claro y centrado. Permite que las otras personas sigan con su manera natural de hacer las cosas. Debes mostrarte tolerante ante diversas formas de hacer las cosas. Confía en que tu alma tiene un plan, e incluso si no puedes verlo completamente, debes saber que todo se desarrollará como debe ser.

Lo que no debes hacer: No planees excesivamente. Cuando haces un plan, deja espacio para los cambios. No impongas una manera de hacer las cosas. No trates de adelantarte a cada detalle. No te preocupes por lo desconocido —contiene las soluciones más creativas. No te eches encima la carga de saber todo de antemano. Cuando dudes, no pienses de más y no te pongas a tratar de controlar las cosas.

La conciencia crea saltos cuánticos respecto a la creatividad.

Lo que debes hacer: Espera lo inesperado y siéntete cómodo con ello. Procura dar con nuevas soluciones y luego olvida el asunto para que éstas tengan tiempo de gestarse en tu interior. Confía en que siempre hay una respuesta. Ve más allá del problema: la solución casi siempre está en otro nivel. Confía en tu intuición. Sigue tus corazonadas y disfruta el lugar al que te llevan —los encuentros casuales suelen ser los más productivos. Mantén el contacto con las personas cuya mente funciona diferente de la tuya y pon atención a lo que dicen desde su punto de vista único. Lleva en un diario la memoria de tus lluvias de ideas, e igualmente útil es dejar que tu imaginación corra libre en tu diario.

Lo que no debes hacer: No trates de repetir el mismo intento de solución fallida. Insistir en lo que no ha funcionado no te llevará a donde quieres ir. No hables solamente con quienes están de acuerdo contigo. No te cierres a ideas locas y sueños descabellados —podrían llevarte a innovaciones inesperadas. No olvides que eres una fuente de infinita creatividad que espera ser descubierta.

La conciencia se mueve en dirección al crecimiento.

Lo que debes hacer: Confía en que el crecimiento es infinito, puesto que la conciencia no tiene límites.

Piensa que la vida es un salón de clases en que todos los días es el primer día de clases. Si puedes elegir, sé el último de la clase antes de ti y no el primero de la clase detrás de ti. Persigue el logro más alto y permite que se te guíe paso a paso desde la esencia de tu ser. Para activar el crecimiento, añade algo de fertilizante bajo la forma de energía, atención y pasión.

Lo que no debes hacer: Jamás pienses que has llegado al final. Siempre hay otro paso evolutivo esperándote. No asumas que lo sabes todo, siempre hay una nueva página por leer. No tengas bajas expectativas. No te conformes con lo meramente bueno.

La conciencia crea orden a partir del desorden.

Lo que debes hacer: Confía en que hay una razón para todo. Busca esa razón en lugar de concentrarte en el caos. Mantén tu mente abierta a la imagen más amplia que se está configurando. Permanece en contacto con el significado y el propósito de tu trabajo. Recuerda el bien mayor que está detrás de cada día de esfuerzo. Conforme se presenten nuevos niveles de éxito, aspira a tener éxitos aún mayores. Existe infinito orden en la naturaleza y, por tanto, cualquier nivel de complejidad puede ordenarse sin esfuerzo.

Lo que no debes hacer: Luchar contra el desorden. La creación usa el desorden para traer a la luz nuevas respuestas. No impongas una clase de organización rígida y arbitraria. El orden impuesto por la mente es horrible si se le compara con la belleza del orden que la naturaleza ofrece. No añadas más tensión a la ya de por sí tensa situación. No insistas en negarte al cambio sólo porque te sientes incómodo de abrirte a un nuevo orden que quiere surgir.

Si adoptas estos principios, descubrirás que el permitir las cosas conlleva un poder enorme. En lugar de tratar de adelantarte a cada paso de tu viaje personal, deja que tu alma te revele lo que se requiere a continuación. No se puede predecir lo que se necesitará a continuación. ¿Conoces el día y la fecha en que llegará tu siguiente idea brillante? De nuevo, esto no es lo mismo que no hacer nada. Tu alma podría decirte que entres en acción; podría indicarte que esperes a ver qué sucede o también algo intermedio. El punto es que la conciencia fluye hacia donde se le necesita. El alma manda el mensaje que mejor le va al momento.

Detrás del misterio de la no-acción hay una verdad simple y profunda: tu alma quiere encargarse y cuidar de ti por completo. Todos los líderes de verdad encarnan esta verdad porque en el fondo de su corazón los líderes quieren servir. Su mayor plenitud consiste en brindar plenitud a los demás. Por eso, aunque el hacer y el no-hacer parecen opuestos en realidad se funden. La no-acción te acerca al alma. Desde ese nivel, todo lo que haces sirve al propósito superior de la vida, al bienestar del grupo y a tu misión personal.

LAS LECCIONES DE LA ACCIÓN

- Liderar desde el alma significa hacer lo correcto desde el nivel del ser. Tus acciones se basan en la conciencia. Al provenir de un nivel profundo, tus actos son apoyados por el universo.
- El rol que el líder desempeña, depende de la situación y sus necesidades. Si tu conciencia está expandida, puedes desempeñar los siete roles que coinciden con las siete situaciones básicas que la vida trae consigo.
- En términos espirituales, la más alta forma de hacer es no hacer o permitir que las cosas sucedan. Se trata de acción que proviene directamente del alma. En el estado de no-acción, te conviertes en testigo del desarrollo de tu ser conforme éste dirige cada paso que lleva a tus más altas metas.

QUÉ HACER HOY

Como líder, serás juzgado por tus acciones y el paso que precede a cada acción es la toma de decisiones. Puedes incrementar la posibilidad de tomar la decisión correcta al ser más consciente. Una decisión que te lleva en la dirección correcta da lugar a una sensación diferente, a una atmósfera distinta, y a una percepción diferente de las demás personas si la comparas con lo que se siente tras tomar una decisión equivocada. Esto se siente desde que la decisión estás siendo tomada. Si entras en sintonía con el proceso en curso, podrás notar la diferencia.

Las decisiones que resultan exitosas tienen ciertas particularidades en común. Si hoy necesitas tomar una decisión crítica, o incluso si estás contemplando tomar una en el futuro cercano, hazte una cuantas preguntas simples:

¿Se siente bien tomar esta decisión?

¿Es justa y honesta?

¿Puedo confiar en lo que se me dice?

¿Hay alguna trampa?

¿Estoy sugestionado?

Si analizas las decisiones realmente malas de tu pasado, verás que no te formulaste o que no respondiste a estas preguntas apropiadamente. En algún punto del proceso de toma de decisiones comenzaste a engañarte —igual que le ha pasado a muchísimos antes que a ti, en todo nivel de liderazgo. Te dejaste llevar por la ilusión en lugar de atender a la realidad porque te desconectaste de tu ser interior, de la esencia de tus valores personales y de tu propósito. Esto no tiene por qué suceder de nuevo.

El ambiente que rodea una buena toma de decisiones tiene sus propios factores característicos que indican si estás en sintonía con tu alma. Revisa la siguiente lista y corrobora si tus decisiones actuales, ya sean grandes o pequeñas, están siendo apoyadas desde el nivel del ser.

VEINTE ELEMENTOS DE LAS DECISIONES CORRECTAS

1. Te sientes optimista.
2. No te dejas llevar por tus buenos deseos.
3. No te estás preocupando obsesivamente por lo que puede salir mal.
4. Puedes sopesar los riesgos sin sentir un temor exagerado.
5. No culpas a nadie por los errores pasados.
6. No sientes la necesidad de que te estén asegurando que vas bien una y otra vez.
7. Quieres que el grupo haga lo que conviene a todos.
8. Aceptas la crítica con desapego y justicia.
9. Decides tomar riesgos calculados.
10. Confías en que siempre hay una solución esperando a presentarse en el momento justo.
11. Alientas el pensamiento independiente.
12. No te obsesionas con los pequeños detalles.
13. Escuchas a la más amplia variedad de gente.
14. Te percatas de que la mejor manera de actuar depende de cada situación en particular.
15. Ofreces juicios honestos sin ser brutal.
16. Te concentras sin distracción.
17. Reconoces plenamente cuando alguien da ideas positivas.
18. Pones reglas razonables que causan una restricción mínima.
19. Eres modesto respecto de tu autoridad; no haces que nadie se sienta pequeño.
20. Te sientes genuinamente entusiasmado.

Si todos o la mayoría de estos elementos están presentes, tu proceso de toma de decisiones es altamente consciente —estás en sintonía. Si pocos de estos elementos están presentes, tu toma de decisiones se está topando con obstáculos y resistencia. Hasta que tengas mayor claridad interna, tus elecciones estarán demasiado nubladas como para ser confiables.

Así que si percibes que el ambiente no es del todo positivo hoy, pospón la toma de decisiones hasta que hayas encontrado el lugar de tu interior que es claro, coherente, calmo y consciente. El secreto, como siempre, es que toda situación comienza dentro de ti y refleja lo que eres en este momento. Confía en que tu alma quiere lo mejor para ti y en que, con la conciencia expandida, puedes encontrar el camino correcto infaliblemente. Cuando las condiciones en tu interior sean calmas y claras, los resultados del exterior se darán naturalmente.

RECURRIR AL EMPODERAMIENTO

El ganar poder es el fruto de la acción exitosa. Hacer y tener poder van juntos, dado que sin poder para sostener la visión en las dificultades y la resistencia, tu visión se esfumaría. No estamos hablando de poder del ego, que está determinado por las demandas del "yo", del "mi" y de lo "mío"; el poder del que hablamos va más allá, pues otorgas poder a los demás al obtenerlo tú mismo.

La creencia de que el poder y la espiritualidad no van juntos es equivocada. En tu fuente, hay un campo de infinitas posibilidades. Junto con cada posibilidad está el camino al logro. Tu alma se desenvuelve en ambos planos al mismo tiempo. Tu poder es validado por lo que puedes manifestar como realidad.

También existe un lado oscuro del poder, conocido como la sombra. Es aquí donde la ira, el temor, la envidia, la avaricia y la agresión le dan problemas a los líderes, deformando sus buenas intenciones y manchando sus ideales. Debes estar al tanto de tu sombra y luego puedes esfumarla integrando la oscuridad a la luz. Cuando trasciendes la necesidad del bien y el mal, la necesidad de que la luz y la sombra se enfrenten, el poder de tu alma te pertenecerá completamente. Éste es el poder integral.

Todo líder necesita poder, y no obstante nada trae más problemas. No es opción el hacer las cosas sin él. Si no tienes el poder para alcanzar tus metas, tu visión permanecerá inerte. Debes ser realista sobre la manera en que opera el poder antes de que puedas tener acceso a él. Luego, debes descubrir cómo empoderar a otros, que es el más grande bien que un líder puede hacer. El uso del poder está estrechamente relacionado con su abuso.

Visto a través de la lente de la historia, el poder sigue ciertos principios bien ilustrados por líderes antiguos y modernos.

> *El poder se acumula.* Mientras más tenga un líder, más le llegará.

> *Los poderosos se elevan para caer.* Mientras más alto llegue un líder, más inevitable será su caída.

> *El poder corrompe.* Los líderes que comienzan haciendo el bien, terminan haciendo el mal.

> *El poder es excepcional.* La persona ordinaria se somete voluntaria o involuntariamente a un puñado de poderosos y queda sin nada para él o ella.

Estos principios tienen lugar todos los días, y no se necesita acudir al enorme escenario de la historia para verlos en acción. Desde el arenero, vemos que los niños se dividen entre los que molestan y las víctimas, los que dan y los que quitan, los fuertes y los débiles. Los psicólogos nos dicen que los roles de género están determinados por la infancia temprana: los niños aprenden a ejercer el poder y las niñas aprenden a seducir al poder siendo atractivas y complacientes. Pero incluso las afirmaciones más simples en relación con los niños pequeños suelen terminar en controversia. Nadie quiere que le digan que se cuenta entre los débiles y no entre los fuertes, o que siendo una niña se juega un rol menor al de un niño. El poder siempre ha sido problemático.

Liderar desde el alma significa resolver estos temas espinosos tomando una perspectiva consciente para abordarlos. Con la conciencia expandida, uno ve que los patrones del poder ni son fijos ni son inevitables. Cada uno de los cuatro principios puede revertirse y ser transformado en algo mucho más humano.

El poder se acumula: Para revertir este principio, renuncia al poder personal en pos del poder transpersonal. El poder transpersonal puede ser hallado en todos. Se basa en la empatía, la compasión, el desapego, y va más allá del ego para encontrar tu más profunda identidad.

Los poderosos se elevan sólo para caer: Para revertir este principio, ánclate en el ser, que es firme y está siempre presente. Su energía da poder al universo desde el nivel del campo cuántico, el punto de partida invisible de todo lo visible. Aquí, toda posibilidad es igual. Cuando eres capaz de sacar el máximo provecho de cada situación, tu poder se estabiliza, sin el riesgo de llegar demasiado alto o caer.

El poder corrompe: Para revertir este principio, aprende de tu sombra y convierte su influencia negativa en algo positivo. Todo rol de liderazgo tiene un aspecto oscuro; cuando no estás consciente de él, el lado oscuro lleva a la corrupción de la persona. Sin embargo, las energías de la sombra, como la ira, el resentimiento, el egoísmo y la avaricia, se entretejen en la vida como un todo. Representan el aspecto destructivo de la naturaleza, sin el que la creación no puede surgir. Una vez que logres hacer un uso creativo de la sombra, que es su propósito último, el poder no podrá corromperte.

El poder es excepcional: Para revertir este principio, da poder a los otros demostrándoles que son iguales a ti. En realidad, el poder es universal. La misma energía, creatividad y orden están presentes en un átomo y en una galaxia, en un organismo unicelular y en el cerebro humano. Nos dejamos engañar por las apariencias, pasamos por alto el nivel oculto, invisible, del que proviene el poder. Si compartes esta sabiduría, puedes dar poder a los demás y activar la fuente de poder que tienen en sí mismos. Entonces todos serán excepcionales, no sólo unos cuantos.

Cuando hayas revertido los cuatro principios, tendrás poder pleno. El ganar poder no es deseable en sí mismo. Aunque carecer de poder trae muchos problemas, lo mismo sucede con el mal uso del poder. Debes forjar un vínculo entre el poder y los valores esenciales. Miramos a nuestro alrededor y vemos un mundo en que existe todo tipo de horror encarnado en la tiranía, opresión, la fuerza militar y la persecución de los débiles. Tú puedes ser una fuerza que contrarreste estos problemas, pero debes estar dispuesto a confrontar el poder conscientemente, aquí y ahora.

PERSONAL O TRANSPERSONAL

El primer principio que queremos revertir es el del poder acumulativo. Para muchos líderes, esto representa una terrible tentación, porque están motivados por la necesidad de estar a cargo, de controlar, de tomar todas las decisiones. Su visión puede ser benigna —todos los tiranos se dicen que están sirviendo a un bien mayor— pero el problema verdadero no radica en ser bueno o malo. El problema es el ego, que no necesita excusas para obtener más para sí mismo. Cuando "yo", "mi" y "mío" dominan, el líder se identifica con la posición y el estatus. El ego es inseguro por naturaleza, de modo que es imposible ser fuerte sin hacer débiles a los demás. Desde el punto de vista del ego, toda competencia tiene ganadores y perdedores, y si la gloria va al ganador, la vergüenza va para el perdedor.

Antes de que el ego te socave, plántate en el poder transpersonal. El poder transpersonal no se basa en el ego. Existe en todos por igual. *Transpersonal* quiere decir, literalmente, "que excede lo personal" o "que pertenece a todos". Al basarte en cualidades universales tú, como líder, te conviertes en el primero entre los iguales. Te conviertes en el primero por encarnar más de lo que todos desean. En lugar de convertirte en una amenaza, tu poder inspira a los demás. Estás ejerciendo el poder transpersonal cuando das a los demás las cosas más deseadas universalmente. Cuando se preguntó a miles de personas qué es lo que más deseaban en un líder, cuatro fueron los deseos que estuvieron a la cabeza de la lista: confianza, compasión, estabilidad y esperanza. Cuando tu poder proviene de dar estas cosas, ha pasado de ser personal a ser transpersonal.

Confianza: La gente quiere confiar en sus líderes, quiere tener la seguridad de que no serán manipulados o mal guiados. La confianza en un lazo invisible. Dice: "No puedo ver lo que haces. No puedo controlarte o revisar lo que haces, pero no importa. Mi confianza es suficiente." Las personas deben confiar en que los de arriba son competentes y confiar en que no romperán su palabra.

Al ser abierto con todos, al no mantener secretos, al describir las situaciones tal como son y proveer evidencia de que estás tomando las medidas necesarias para enfrentar cualquier reto, demuestras que, como líder, se te puede confiar el poder. Un líder en que no debemos confiar hace lo opuesto: está obsesionado con la secrecía y con evitar las fugas de información. Le recuerda al grupo que él o ella ha der ser temido. Cuenta la historia que lo mantendrá en el poder, más que la historia verdadera.

Las herramientas para construir la confianza son la honestidad, el candor y la competencia.

Compasión: La compasión hace que la gente se sienta cuidada. Atrae la humanidad común a todos y evita que el grupo se desintegre. Cuando llegan las dificultades, siempre hay que decidir entre "cada quién vea por sí mismo" y "debemos permanecer unidos". La empatía choca con el egoísmo. Un líder puede solucionar este conflicto por medio de la compasión, una palabra que significa "sufrir con". Al demostrar que sientes el dolor de todos, inspiras la unidad del grupo. Cada uno está motivado para sentir lo que siente la persona que está a su lado. Cuando sabes qué se siente caminar en los zapatos de alguien, no hay opción a excepción del respeto.

La empatía no sólo se trata del dolor. Sientes también la alegría de la vida de la otra persona. Sus éxitos son tuyos y viceversa. Cuando sientes empatía, tiendes un puente entre aquello que separa a los individuos aislados. La compasión puede parecer demasiado suave o pasiva, pero se traduce en lealtades poderosas. Se ofrece ayuda mutua. Se siente gratitud también mutua. Cuando las personas agradecen las cosas que comparten, se ha cruzado la frontera de lo personal a lo transpersonal.

Las herramientas para construir compasión son la empatía, el respeto y la gratitud.

Estabilidad: El alma es pacífica, calma y capaz de adaptarse a cualquier clase de cambio. Se trata en este caso de cualidades transpersonales que tienen sus raíces en el nivel más hondo de nuestro ser. Como líder, debes proyectar estas cualidades para poder hacer que los otros sientan estabilidad. La inestabilidad encarna la incertidumbre. Hace que la gente sienta que el suelo que está bajo sus pies se derrumba. La razón fácilmente puede dar lugar al pánico (por eso los mercados pueden arruinar a un banco por el simple rumor de falta de fondos).

El aspecto más básico de la estabilidad es la supervivencia. Comienza con la certeza de que se te pagará tu trabajo. (Los investigadores de Gallup han encontrado que los trabajadores que creen en la estabilidad financiera de su empresa tienen nueve veces más probabilidades de involucrarse a fondo en su trabajo.) Pero como líder se te pide que proveas un sentido más hondo de la estabilidad. Cuando las circunstancias se ponen difíciles, la incertidumbre se convierte en poderoso estrés. Todos se sienten muy solos. Para contrarrestar el aislamiento, el líder ofrece apoyo. La promesa: "Siempre estaré aquí para ti", es llevada a la acción. Para contrarrestar la incertidumbre, él siempre es confiable. No llegará un momento en que nos dé la espalda para preocuparse sólo por sí mismo. Por el hecho mismo de su presencia, un líder así tiene un efecto tranquilizador; es como un refugio en medio de la tormenta, lo que permite a la gente encontrar la misma cualidad en sí misma. Así, el liderazgo ha pasado de lo personal a lo transpersonal.

Las herramientas para construir estabilidad son la confiabilidad, el apoyo y la paz.

Esperanza: La esperanza es intangible porque se basa en la fe. Tu papel consiste en ser "creyente en jefe". Mantienes la esperanza en un futuro mejor más que cualquier otro. La desesperanza es lo más trágico que puede sucederle a la vida, pues priva a la gente de una visión de su futuro. El sufrimiento de hoy es una plaga para la esperanza de mañana. Pero a nivel del alma, el futuro siempre está abierto porque las posibilidades inesperadas siempre pueden despertar. (Cuando los encuestadores de Gallup preguntaron a los trabajadores si sus líderes los hacían sentir esperanzados respecto del futuro, sesenta y nueve por ciento de los que dijeron que sí estaban muy comprometidos con su trabajo; sólo uno por ciento de los que dijeron que no estaban comprometidos con su trabajo.)

Como líder, debes mantener el horizonte lleno de promesas. La promesa provee poder. La gente se da cuenta de esto instintivamente y se aferran a la esperanza incluso cuando la crisis parece ir más allá de cualquier posibilidad de solución. Durante las peores tormentas, la esperanza es una vela que el líder debe mantener encendida siempre.

Para dar esperanza a otra persona, las palabras inspiradoras del líder son únicamente el comienzo. Cuando perdemos la esperanza, perdemos dirección. Por tanto, un líder debe proveer dirección clara y un plan definido con sus pasos correspondientes. Eventualmente puede permitirse que la gente provea su propia dirección, que en sí misma será un signo de esperanza, pero hasta que llegue ese momento, es el líder quien debe proveerla. Pon manos a la obra para guiar al grupo en todos los esfuerzos de recuperación que siguen a una crisis. También, respeta la posición debilitada en que se encuentra la gente. Guíalos para superar la vergüenza y la culpa. Dar guía significa aferrarte a los valores que necesitan restablecerse, como la confianza, la competencia y el sentimiento de valía. Al demostrar que ves estos valores en los demás, comenzarán a verlos en ellos mismos. Cuando muestres a los demás una manera concreta de seguir adelante, les das una razón para tener fe. Esa es la prueba de que han cruzado la barrera para llegar a lo transpersonal, dado que la fe se basa en la creencia en un poder superior, como quiera que lo definas.

PODER PERMANENTE

El segundo principio que debe revertirse es que "los poderosos se elevan sólo para caer". Las razones para la caída son muchas. Las personas hambrientas de poder hacen enemigos que quieren hacerlos caer. Para empezar, están inseguros y terminan determinando su propia caída con actos sucios y manipulaciones secretas. El ego es tan inseguro que no puede ver los errores que está cometiendo, pues se da a construir una imagen exagerada del yo que tiende a la implosión. Pero en términos del alma, estas son razones secundarias. En términos espirituales, buscar poder es perderlo, porque buscas lo que ya eres. El gran poeta bengalí, Rabindranath Tagore, expresó esta verdad bellamente al escribir: "Aquellos que buscan, llaman a la puerta. Los que aman la encuentran abierta." El amor es un aspecto del ser y cuando se actúa desde el ser el poder que se obtiene es ilimitado porque proviene de la fuente. Este tipo de poder es estable. No asciende ni se derrumba. Por tanto, si dependes de él, no tienes que llegar a la cima para obtenerlo.

Imagina a tres líderes que quieren lograr lo mismo: fundar una compañía, construir un puente o popularizar una nueva idea o invento. El líder A es de los que hacen las cosas. Establece relaciones con personas que le pueden ayudar a lograr su meta. Contrata a un buen equipo; sabe cómo hacer que otros se emocionen con el proyecto. Su día está lleno de citas y decisiones. Se convierte en el eje de la actividad. Todas las decisiones pasan por él. A la brevedad, se hace indispensable. Esta clase de poder puede ser muy efectivo, pero también es el más inseguro. Para todo éxito hay muchas personas que fracasan si siguen este camino. Alguien más fuerte o más carismático puede vencerlos. Podrían no ser capaces de sostener la demanda de tiempo y energía que pronto se acumulará hasta, eventualmente, tragarse todo. El poder basado en la acción se te puede quitar, e incluso si esto no sucede, cada día trae consigo una confrontación con lo incierto, dado que el mundo está lleno de riesgos.

El líder B es más un pensador que un hombre de acción. Puede que sea el poder tras el trono, o la fuente de ideas que deja el lado práctico de los proyectos a otros. En cualquier rol, su fortaleza es que puede analizar. Sopesa las opciones, observa a la gente y llega a conclusiones racionalmente. No es distraído por la rudeza y la presión del día a día. Es más distante y también está más aislado. El peligro para este tipo de líder es que los lazos personales pueden debilitarse. Los seguidores leales que admiran sus ideas tienden a alejarse cuando llegan mejores ideas. Aún así, el líder que piensa es más seguro que el hombre de acción, porque su mente lo sostiene. Está cimentado en un nivel más profundo que las lealtades personales, las relaciones y la lucha diaria por hacer que las cosas sucedan.

El líder C está enraizado en el ser. No se dedica ni a hacer ni a pensar. Cada día de su existencia está enfocado en mantener el camino correcto, lleve a donde lleve. Está libre de las constantes demandas de energía con las que debe lidiar el hombre de acción, también está lejos del aislamiento del pensador, que necesita a hombres de acción para traer sus ideas al mundo real.

Para quienes lo rodean, el líder que tiene sus raíces en el ser suele parecer misterioso. No dan con su secreto para mantener la calma en una crisis y tampoco entienden cómo decide cuándo actuar, porque a veces deja que los eventos se desarrollen mientras que, en otras ocasiones, pasa de inmediato a la acción. Un líder así se convierte en visionario exitoso porque permite que su alma lo guíe. Es inmune a la caída porque no desea llegar a la cima. Su único propósito es ver cómo se desenvuelve su visión, por lo que su camino es de expansión, no de elevación.

Para ser esta clase de líder, tus acciones deben organizarse alrededor de la expansión de la conciencia. En capítulos previos hemos visto cómo conectar con el nivel del ser. Ahora necesitas participar en la infusión de ser en la vida cotidiana. Naturalmente, esta nueva vía pone a prueba tus viejas maneras de hacer las cosas. Al negociar sobre la marcha, el ser creará el cambio que quieres. No hay necesidad de luchar en contra de tus condicionamientos pasados y tus hábitos familiares. En lugar de eso, tiene lugar un cambio natural. He aquí una guía para promover ese cambio.

Cómo alentar a tu ser

- Antes de tomar una decisión, pide guía a tu interior. Sé paciente y espera una respuesta.
- Actúa sólo cuando te sientas en calma y seguro.
- Confía en que hay un camino correcto.

- Confía en que estás conectado con tu ser, que sabe qué hacer en todo momento.
- Cuando encuentres resistencia, interna o externa, no luches. Haz lo necesario para superar la resistencia y conviértela en aceptación. Si la resistencia persiste, toma distancia y deja que pase el tiempo.
- Involúcrate a fondo, pero al mismo tiempo cultiva el desapego.
- Debes estar seguro de que eres más grande que cualquier resultado, bueno o malo.
- Identifícate con la imagen más amplia y no con los detalles mínimos.
- Cree que tu conciencia puede expandirse sin limitaciones. Decir: "Soy el universo" no es egocéntrico. Es la verdad de nuestra alma.

PODER PURO

El tercer principio que debe ser revertido es que el "poder corrompe". Si piensas que el hombre es egoísta y avaro por naturaleza, la corrupción del poder parecerá inevitable. Pero quizá la premisa sea errónea. Si la naturaleza humana no es fija, estará sujeta a la elección. Puedes elegir no abandonar tus ideales y mantenerte fiel a tu visión. El truco es escapar a los esquemas deterministas, porque es común creer que o se es poderoso o se es un idealista. El visionario no tiene por qué estar alejado del realista. Al nivel del ser, tu visión se une con el camino que lleva a lograr esa visión. Si puedes mantener unidas la visión y el camino que lleva a su consecución, el poder servirá al idealismo en lugar de corromperlo.

Como ya hemos visto, el lado oscuro de la naturaleza humana se llama "la sombra", el área oculta de la psique en que la ira, el temor, la avaricia, la envidia y la violencia se esconden. Cuando cualquier líder se torna desalmado, la sombra ha triunfado. La pregunta más básica y simple: "¿Quién soy en realidad?" ha dejado de formularse. La sombra causa enormes problemas; es difícil pensar en una miseria humana que no tenga sus raíces ahí. Todo aquello que no has enfrentado tiene poder sobre ti. Puede que te propongas hacer sólo el bien, pero a menos que estés consciente de tu sombra, el resultado será la negación. En un estado de negación, encontrarás todo tipo de efectos negativos provenientes del mundo exterior, pero estarás mal equipado para derrotarlos. La negatividad se derrota sólo cuando puedes integrarla a la vida. Si te ves obligado a separar el bien del mal, la luz de la sombra, puede que termines del lado de lo bueno, pero la maldad seguirá tratando de contrarrestarte. Liderar desde el alma significa encontrar la manera de fundir los opuestos, de manera que puedas defender la vida como un todo, no sólo como la parte luminosa.

Para empezar, debes estar consciente de que cada papel que juegues como líder tiene una sombra específica aparejada.

La *sombra del protector* es la tentación de convertirse en tirano. En lugar de remover el temor y la amenaza, los promueve. Quiere que le digan cuánto lo necesita "la gente pequeña". Convierte su sentimiento de importancias en una excusa para abusar de los demás. Para mantenerse en el poder, exagera las amenazas que existen e incluso inventa rivales y enemigos imaginarios. Cuando llega el final, suele ser horrible y violento, pues es depuesto contra su voluntad.

Para contrarrestar la sombra: debes estar atento a cualquier signo de autoritarismo, vanidad, ira incontrolada, necesidad de halago y paranoia respecto de amenazas y rivales. Estas son las semillas del tirano.

La *sombra del exitoso* es la adicción a ganar, alentada por un infinito deseo de obtener más. Debajo de esto, tiene un miedo terrible a la derrota. Este miedo llega a nublar su juicio. Comienza siendo indulgente en la toma de riesgos —él o ella es tan adicto a ganar, que la siguiente cumbre siempre debe ser más alta que la anterior. Se pierde todo sentido de la proporción y éste se pierde la relación con los demás. El éxito significa ahora más que la familia y los amigos. Pensando que sigue en control de sí mismo, el exitoso que se ha convertido en adicto eventualmente se arriesga de más. Provoca su propia caída y la de otros también.

Para contrarrestar la sombra: debes estar pendiente de cualquier signo que denote la tendencia a convertir las situaciones en instancias de ganar o perder; la imagen personal se torna demasiado importante y se es ambicioso a pesar de que el costo familiar y de amistades es grande. Se obsesionan con los competidores. Estas son las semillas de la adicción al éxito.

La *sombra del constructor de equipos* es la conformidad, alentada por el temor a no pertenecer. En sintonía constante con las reacciones de los demás, no soporta hacer enemigos y se siente herido por la crítica. El conformista vienen a representar el "síndrome de la planta alta", castigando a cualquiera que trate de destacarse del grupo. Su necesidad de aplacar a todos lo lleva a pasar por alto a quienes constituyen un lastre. En lugar de alentar la cooperación, alienta la complacencia. El final, cuando llega, involucra a un organizador de equipos más listo, con más energía, que se traga al conformista.

Para contrarrestar la sombra: debes estar pendiente de cualquier signo de conformismo, de un afán de no hacer olas, actuando en contra de tu conciencia y envidiando el talento y las habilidades de otros. Estas son las semillas de la conformidad.

La *sombra del que apoya* es alimentada por el temor a no ser suficientemente bueno. Este temor se proyecta hacia afuera y atribuye errores a los demás para sentir que está en lo correcto. En lugar de la empatía con los sentimientos ajenos, termina por decir a los demás qué deben sentir. Conforme se disuelven los vínculos verdaderos, este tipo de sombra hace que el líder pretenda calidez y finja los vínculos. Las desviaciones deben ocultarse. No puede permitirse que los demás sepan que los juzga secretamente. Cuando llega el final su hipocresía es expuesta. El líder amoroso, justo y no crítico ha llevado una doble vida.

Para contrarrestar la sombra: debes estar pendiente de cualquier signo de estar escondiendo tus prejuicios en lugar de discutirlos abiertamente; se tiene favoritismo, hay motivos secretos y pretendes ser mejor de lo que eres. Estas son las semillas de la tendencia a juzgar a los demás.

La *sombra del innovador* es el solipsismo, detonado por el temor a los riesgos. En lugar de mostrarse abierto a las nuevas ideas, promueve sus logros pasados. La reputación juega un papel muy importante en su mente. Necesita reconocimiento —idealmente, todos deben rendirle honores como maestro en su arte. Bajo esta egolatría, los riesgos han hecho daño. Para ocultar su incapacidad de asumir riesgos, el innovador fracasado deja de adentrarse en lo desconocido. El final suele hallarlo pasado de moda y con un rendimiento inferior.

Para contrarrestar la sombra: debes estar pendiente de cualquier signo de presunción, celos, deseos excesivos de captar la atención, inseguridad respecto de tu reputación, y una reticencia a probarte con ideas nuevas. Estas son las semillas del solipsismo.

La *sombra del transformador* es la desesperación, alentada por la resistencia de la sociedad al cambio. En lugar de la esperanza que todo transformador debe mostrar, la depresión comienza a ganar terreno. El transformador fracasado se siente herido personalmente por los contratiempos. Se desilusiona aún más con la debilidad moral de los demás, pero su desilusión más grande queda reservada para sí mismo. Sus ideales se percuden, se arroja contra los obstáculos una y otra vez sin tener éxito. El final no suele llegar a manos de los reaccionarios sino cuando a la cruzada se le agota el combustible.

Para contrarrestar la sombra: debes estar atento a cualquier signo de culpa, cinismo, depresión y resignación a que nada cambiará jamás. Estas son las semillas de la desesperación.

El sabio y el vidente no tienen sombra. Han descubierto su lado oscuro y se han librado de él. Aún así, irónicamente, su liberación puede parecer sospechosa a otros. Es difícil creer que el sabio no esconde alguna debilidad y que el vidente no tiene un punto ciego. Pero la crítica e incluso el ataque abierto no hacen mella en el sabio y vidente. Aceptan cada aspecto de la condición humana. No existe el final para el viaje del sabio. Camina de frente y se afana por convertir el sufrimiento en alegría. Para él, el sufrimiento del mundo es una máscara de la bienaventuranza eterna.

Cuando hayas advertido signos de tu sombra, debes proceder a difuminarla. Lo que no funciona es resistirse, pelear, endurecerte y comenzar a negar las cosas. Puede que la sombra se sienta como un enemigo, pero la naturaleza suele crear a través de la destrucción. La integridad de la vida depende de la reconciliación de estas dos fuerzas. La ira, el temor, el resentimiento, la envidia y la avaricia surgen como fuerzas negativas porque no están integradas. La versión "buena" y "mala" de ti mismo están en guerra. Hasta que te libres de esa guerra, no te queda más remedio que luchar. Las semillas de la ira y el temor germinarán, y dado que crecen lejos de nuestra vista, en la oscuridad, se alejan cada vez más de la luz. La soledad se incrementa y causa que las expresiones naturales de la fuerza destructiva se conviertan en una pesadilla que causa todo tipo de daño.

Para llevar a la sombra más allá de la guerra y el enfrentamiento, debes proponerte integrar "lo malo" en tu parte "buena". Tu alma está más allá de los opuestos. Si tratas de lograr integración plena en todos los aspectos de tu vida, estás haciendo justo lo que tu alma quiere que hagas.

FUNDIRSE CON LA SOMBRA

- Debes estar al pendiente de sentimientos como la ira, la ansiedad, la envidia, la amargura y el egoísmo.
- Reconoce que estos sentimientos son parte de ti.
- Perdónate por tener una sombra.
- Asume la responsabilidad por lo que sientes. No lo proyectes en los demás culpándolos o llenándolos de negatividad.

- Jura en contra de cualquier forma de violencia y agresión.
- Cuando sientas que nace una emoción negativa, siente tu cuerpo tranquilamente. Pide a la emoción que se retire, lo que significa que la estás liberando, tomándote para ello el tiempo que sea necesario.
- Confía en que los residuos de temor, ira, amargura, celos e inseguridad pueden ser liberados. Si puedes, busca ayuda de un consejero u otro guía que sea hábil para ayudar a liberar a la gente de viejos traumas y heridas.
- Resiste la tentación de empujar o negar esos sentimientos que tanto te desagradan. Si los obligas a existir en la sombra, sólo terminarán por socavarte.
- No tengas secretos. Encuentra a alguien con quien puedas compartir todo y luego procede a llevar la versión mala de ti mismo a la mesa de discusión.
- Trabaja en la sombra ocupándote de un elemento a la vez. Es mucho más fácil desmantelar un aspecto muy negativo de ti mismo, como el temor incontrolable, la ansiedad flagrante, el temperamento explosivo o el resentimiento profundo, que tratar de enfrentarlo de lleno. Estas tendencias incontroladas se conforman de creencias viejas, experiencias de la infancia, secretos no revelados, culpa y vergüenza ocultas, juicios contra el yo, influencias del medio que te rodea (como el estrés,

las luchas domésticas, el abuso continuo y el fracaso en el trabajo), y de un apego supersticioso a conceptos absolutos como el mal o el diablo. Al ocuparte de un fragmento cada vez, hasta la energía sombría más poderosa puede difuminarse.

LA IGUALDAD DEL PODER

El último principio que necesitamos revertir es que el "poder es excepcional". No hay duda de que se siente bien creerse especial, y los líderes que adquieren poder no pueden sino sentirse excepcionales. Eso no necesita revertirse. En lugar de ello, necesitamos corregir la noción del ego: "Sólo yo soy excepcional." La fuente del poder es universal. Todos contienen infinito potencial y, cuando ese potencial se libera, el universo lo apoyará o no. Como líder, es tu trabajo demostrar la diferencia al guiar a otros a un camino que el universo favorezca. Debes hacer esto con los mismos medios que empleaste para ti mismo, entrando en contacto con el alma.

No puedes chantajear, ordenar o forzar a nadie para que se reconecte con su alma, pero puedes inspirarlo para que encuentre su propia motivación. Ya hemos cubierto algunos de los aspectos más críticos: actuar como modelo a seguir, formar vínculos emocionales, procurar confianza, compasión, estabilidad y esperanza. Sin embargo, es necesario que la gente que lideras identifique lo que es mejor para ellos, sólo entonces podrán dar el primer paso en su propio camino. No funciona pretender duplicar tu camino. Idealmente, podrías hacer que cada miembro del grupo escriba una misión basada en su perfil de alma y visión personal. Así hemos desarrollado nuestro propio camino. También puedes valerte de la investigación, como la que desarrolla Gallup, que sirve para identificar las fortalezas de cada persona en detalle. En el modelo de Gallup hay treinta y cuatro fortalezas específicas. Si un equipo contiene tantas fortalezas distintas como sea posible, mejora sus probabilidades de éxito.

Al tomar este consejo en serio, puedes comenzar a compartir el poder al aprender a identificar las fortalezas. No asumas que las personas conocen sus fortalezas, pero comprende que, hasta que las descubren, no disponen de bases para manejar el poder. Mira a la persona que quieres analizar y ubícala en tres de las categorías que hallarás abajo. Si no conoces bien a la persona, ubícala sólo en dos categorías, y tratar de adivinar la tercera categoría. Con el paso del tiempo puedes modificar los resultados de tu análisis.

VEINTIÚN FORTALEZAS SOBRE LAS
QUE PUEDES CONSTRUIR

1. *Trabajo duro*. Tiene gran vigor. Le satisface estar ocupado y ser productivo.
2. Muy *activo*. Es impaciente para llevar el pensamiento a la acción. Le satisface hacer la diferencia.

3. Bueno para hacer que las personas *se integren*. Tiende al ahora y es muy adaptable. Obtiene satisfacción al mostrar a otros cómo confiar en sí mismos y unirse al grupo.

4. *Analítico*. Investiga cada faceta de un asunto. Es cuidadoso y confiable en sus conclusiones. Le satisface la investigación.

5. Bueno para la *planeación*. Es bueno para ordenar y organizar, y tiene una mente abierta a las demandas de los otros. Es honesto y espera honestidad a cambio. Le satisface unir muchos elementos diversos.

6. Naturalmente *comunicativo*. Pasa del pensamiento a la palabra con facilidad y destaca cuando hace una presentación. Le satisface mostrar a otros el lado positivo de una situación, y lo positivo de sí mismos.

7. *Competitivo*. Se mide de acuerdo al desempeño de otros. Le gusta ser considerado como el mejor. Le satisface ganar, obviamente, pero también medirse contra quienes respeta más.

8. Medianamente *confiable*. Muestra consistencia al aplicar las reglas, pero también las acata. Es bueno para tratar a los demás con igualdad, le satisface ver que todos son respetados por igual.

9. Bueno para *deliberar* en la toma de decisiones. Es bueno para manejar asuntos delicados porque sabe tomar en cuenta todos los factores. Prevé los obstáculos. Le satisface hacer juicios sólidos que reducen los riesgos y se toma tiempo para hacer las cosas con seguridad.

10. Talento para *desarrollar* recursos humanos. Ve el potencial de los demás y es paciente para hacerlo realidad paso a paso. Confía en que alguien puede hacer el trabajo antes de que los demás se percaten. Le satisface ver que los novatos comienzan a destacar.

11. Disciplinado. Le gusta la rutina y la estructura. Nunca se sale del libreto. Le satisface sentirse responsable.

12. Empático. Es bueno para enfrentar las situaciones difíciles en que otros deben enfrentar emociones conflictivas. Se le busca cuando alguien necesita compartir. Le satisface el que los demás se sientan comprendidos.

13. El que sabe *priorizar*. Se concentra mucho y mantiene los proyectos sobre ruedas. Sabe qué es importante. Sabe dejar de lado los detalles incidentales y evita los retrasos. Le satisface avanzar eficientemente hacia la meta última.

14. El que sabe *construir consenso*. Siente aversión por el conflicto y quiere reconciliar las diferencias. Trabaja al escuchar y demostrar a los demás el valor de escuchar. Es valioso en toda negociación. Le satisface cuando se llega a un acuerdo en que todos salen beneficiados.

15. El que genera *muchas ideas*. Se le facilita encontrar la relación entre cosas dispares. Destaca al absorber tantas perspectivas como puede. Nunca le falta un nuevo concepto. Le fascinan las ideas en sí mismas.

16. El *experto*. Se especializa en un campo muy reducido del conocimiento y sabe todo al respecto. Tiene auto-

ridad y es respetado por sus compañeros. Le satisface lograr la maestría en una rama del conocimiento.

17. El *motivador*. Está en constante persecución de la excelencia y logra que los demás tengan resultados inesperados. Siente que nada es lo suficientemente bueno hasta que es supremo. Le satisface llevar cualquier proyecto al más alto nivel de calidad.

18. El eterno *entusiasta*. Naturalmente positivo, hace que otros compartan su entusiasmo sin resentimientos y sin sentirse obligados. Es bueno para mantener alto el ánimo. Le satisface que los demás vean el lado positivo de las cosas y crean en él.

19. El *leal*, devoto y amistoso. Es fácil relacionarse y trabajar con él. Los demás confían en que siempre se preocupará por ellos. está dispuesto a invertir tiempo y energía en las relaciones. Le satisfacen los vínculos de sincera amistad.

20. El *solucionador de problemas* que apaga los incendios. Restaura la esperanza y estabiliza las situaciones que amenazan con salirse de control. No se inmuta ante los problemas y está abierto para satisfacer necesidades. Le satisface hacer lo imposible.

21. El carismático y *persuasivo*. Es bueno para hacer que los demás se adhieran a su forma de pensar. Le gusta conocer gente nueva. No se amedrenta frente a las personas difíciles. Los otros se abren con él naturalmente y comparten información, incluso acabando de conocerse. Le satisface romper el hielo y hacer contacto personal.

Cuando ya tengas una idea de las fortalezas de alguien, puedes ayudarlo a que encuentre su camino de acceso al poder. Para comenzar, comparte con esta persona tu opinión y discute cuáles considera él o ella que son sus fortalezas. Si estás en una posición que permite asignar tareas, déjate guiar por sus fortalezas. Incluso si no estás asignando tareas, ten en cuenta las fortalezas de la gente. Esto te permitirá buscar que puede aportar cada persona.

Si hay un tema que parece ser lugar común respecto del poder, es la creencia de que toda la gente tiene igual derecho a él. Cada uno de nosotros es una persona completa que refleja la totalidad de nuestra alma. Puede que nos estemos ocultando de nuestra propia totalidad, deliberadamente o no. En lugar de entusiasmarnos hablando de qué tan multidimensionales somos, la mayor parte de nosotros nos hemos contentado con una delgada rebanada de la vida. El poder tiene que ver con expandir las expectativas al revelar que todas las consideraciones negativas que existen sobre éste, no tienen que ser ciertas. El poder no es algo que se aferre, es la infinita energía, inteligencia y creatividad del alma que quiere expresarse a través de ti. Cuando entiendes que todos somos expresiones de un alma, tú, como líder, hallas alegría al ayudar a que cada individuo descubra esa verdad. La lección espiritual más elevada sobre el poder que he leído, proviene de Tagore: "El poder dijo al mundo: 'Eres mío.' El amor dijo al mundo: 'Soy tuyo.' El amor ganó."

LAS LECCIONES DEL PODER

- Liderar desde el alma significa revertir los usos negativos del poder. El principio rector es dar poder a otros en cada etapa del camino, conforme tú mismo vas adquiriéndolo.

- Cruza la frontera que separa el poder personal del poder transpersonal. *Transpersonal* significa "lo que va más allá del individuo". Esta es la clase de poder que existe dentro de todos a nivel del alma.

- El primer paso en el camino hacia el poder, comienza con saber cuáles son tus fortalezas personales para construir sobre ellas. Lo mismo es verdad cuando das poder a otros. Con la expansión de la conciencia, expresas la totalidad de tu alma. Entonces tu fuerza proviene del nivel del ser.

QUÉ HACER HOY

El poder se convierte en un problema cuando el ego trata de cooptarlo. Debes darte cuenta de que el poder no tiene que ver con "yo", "mi" y "mío". Cultiva el desapego en tu rol como líder. La gente confunde la sensación de emoción adrenalínica con ser poderoso, pero el poder derivado del alma es una combinación de quietud y dinamismo. Nunca se agota, aunque la emoción haya pasado. En el desapego puedes experimentar el influjo del poder sin perderte en él. Puedes enfrentar cada situación con la sensación de que todo lo que quieres se encuentra ya dentro de ti —un estado relajado, seguro, un lugar de poder.

Hoy puedes comenzar a practicar el desapego mientras aún estás completamente involucrado —en eso consiste el truco, pues si no estás involucrado, el frío desapego se parece más a la indiferencia. Existe un modelo de desapego que nos viene naturalmente y que es opuesto a la indiferencia: el juego. Cuando ves jugar a un niño, está completamente concentrado e involucrado. El juego nos consume. Las distracciones no son un problema. El niño no tiene preocupaciones y está lleno de energía siempre y cuando el juego no se torne serio y se trate de una cuestión de ganar o perder. El siguiente ejercicio puede ayudarte a acceder a este estado lúdico siendo adulto.

Cuando te despiertes por la mañana, bríndate diez minutos acostado en la cama y con los ojos cerrados. Visualiza el día que tienes por delante. Ve los momentos críticos en que deberás tomar decisiones importantes o hacer elecciones críticas. Ve estas situaciones dando los mejores resultados posibles. No te limites a un escenario fijo, sólo deja que tu mente juegue con las posibilidades. Una vez que te sientas feliz con una escena, regresa y vuélvela a mirar pero desde otra perspectiva. Mira cómo vuelven a salir bien las cosas, pero por vías completamente diferentes. Repite el proceso dos o tres veces, jugando con suficientes posibilidades y sin atascarte con ninguna —debes estar tan cómodo como te sea posible con cualquier cosa que tu alma te traiga.

Cuando termines, deja a un lado tus visualizaciones y enfrenta el día con una mentalidad abierta.

Este ejercicio se trata de la *lila* o el "sentido lúdico de la creación", como se conoce en sánscrito. *Lila* es la manera en que el alma opera, al disfrutar el desenvolvimiento de cada instante y convertir "lo que es" en "lo que será" sin seguir una línea recta o curso predecible, sino dejando que cada elemento aporte algo nuevo. *Lila* es tu estado natural. Y lo abandonas cuando sucede cualquiera de las siguientes cosas:

Cuando tu ego está involucrado en ganar.

Cuando odias perder.

Cuando tienes que controlar.

Cuando tienes que estar en lo correcto.

Cuando te sientes tenso e incómodo.

Cuando el estrés te domina.

Cuando las cosas son demasiado serias.

Cuando nada te divierte.

Para jugar de verdad, debes estar consciente de estas señales de advertencia y hacer algo al respecto. Toda situación es diferente, pero la sensación del juego puede siempre recapturarse si escuchas a tu interior y respetas la verdad de que la creatividad ha de ser espontánea, sin preocupaciones. No hablo de forzar alegría o picardía, ni de convertir todo en un juego. Todos sabemos lo que significa ser inocentes y despreocupados, un estado que el alma nunca deja atrás. Estamos ante la alegría lúdica del espíritu.

Si das continuidad al ejercicio que acabo de describir, estarás menos atascado en la necesidad de controlar, y los mejores desenlaces posibles no serán tan estrechos. Cada día es un mundo nuevo, pero lo habitamos como si fuéramos personas que no saben renovarse. El desapego, en su forma más pura, es el deseo de renovarte al dejar ir los viejos condicionamientos. En una apertura completa, permites que un aire nuevo te renueve, y luego te tornas tan juguetón como la creación misma.

EJERCER LA RESPONSABILIDAD

Liderar desde el alma significa más que asumir la responsabilidad de las necesidades del grupo. Significa preocuparte por el desarrollo personal de cada uno. Esta responsabilidad comienza con tu propia evolución. En ocho áreas de tu vida tienes el poder de ser guiado por el alma: los pensamientos, las emociones, la percepción, las relaciones personales, el rol social, el medio ambiente, el habla y el cuerpo. En todas estas áreas tu conducta afecta a las personas que lideras. Si evolucionas, también lo harán ellas.

Liderar desde el alma significa que la evolución es tu prioridad. Nunca actúes de modo que afectes negativamente la autoestima de los demás. Examina tus motivos subyacentes y modifícalos hasta que se revelen nuevas oportunidades de crecimiento. Debido a que la evolución es una fuerza incontenible en el universo, estás acudiendo a poderes invisibles. Por tanto, el ser responsable ya no es una carga. Puedes serlo sin sentir el peso, siempre y cuando sigas creciendo.

Todo líder asume responsabilidades, pero si lideras desde el alma, tienes una perspectiva diferente. Asumes la responsabilidad de tu evolución y de la evolución de quienes te rodean. Elegiste comenzar con una visión. Para llevarla a cabo, andas por un camino que es mucho más que éxito externo. El ser interior crece a cada paso del camino. Las necesidades superiores del grupo están siendo satisfechas. ¿Cómo asegurarte de seguir evolucionando? El compromiso personal tiene que ver en esto pero, ¿a qué te comprometes? Una vez que hayas respondido a esta pregunta, sabrás cuáles son tus responsabilidades día a día.

Tu alma nada exige, puesto que no tiene que ver con la actividad. Funciona como tu fuente, como el lugar silencioso de tu existencia. En consecuencia, tu responsabilidad sólo entra en juego cuando tienes que actuar, pensar y sentir. Las semillas germinan eternamente en el silencio. Cada semilla es una posibilidad que proviene del campo de las posibilidades infinitas. Puede que una semilla germine bajo la forma de tu siguiente pensamiento. Entonces, tu responsabilidad consistirá en hacer que tu pensamiento sea evolutivo —debe promover el crecimiento y el progreso, pero una posibilidad no siempre se manifiesta como un pensamiento. Puede tratarse de una sensación, de una acción o de una palabra. Las posibilidades abarcan a todos los aspectos de la vida. Tu alma es capaz de darte cualquier cosa que quieras, pero la contraprestación consiste en que debes ser responsable por aquello que pides.

El saber qué pedir puede tornarse en una cuestión bastante sutil. Por bella e inspiradora que sea una visión en general, existen miles de detalles que deben atenderse cotidianamente. Un líder puede dedicarse a construir la paz mundial o a trabajar en pro de una economía autosustentable o a encontrar un sustituto a los combustibles fósiles. En comparación con tan grandes metas, puede parecer nimio pensar la palabra que estás a punto de pronunciar, o la siguiente sensación que sentirás en tu cuerpo. Pero todo esto forma parte del tejido de la vida, y si no evolucionan, tu visión general tampoco lo hará. El tejido de la vida es increíblemente complejo, pero podemos hallar ocho hilos principales, cada uno con sus propias responsabilidades. La alegría de mirar al sujeto desde esta perspectiva consiste en que no estarás asumiendo la responsabilidad como una carga, sino como una forma de nutrirte. Formúlate la siguiente pregunta: "¿Evolucionaré al hacer esto?" Si la respuesta es positiva, acepta la responsabilidad de tu elección.

Las responsabilidades de un líder pueden dividirse en las siguientes ocho áreas: soy responsable por lo que pienso, soy responsable por cómo me siento, soy responsable por cómo percibo al mundo, soy responsable por mis relaciones, soy responsable por mi papel en la sociedad, soy responsable de mi ambiente inmediato, soy responsable de lo que digo, soy responsable de mi cuerpo. Ahora abordemos cada una de esas responsabilidades en detalle.

SOY RESPONSABLE POR LO QUE PIENSO

Estamos en el campo de la cognición, que es mucho más amplio que los pensamientos racionales, pues también incluye la percepción interna, la intuición, las "corazonadas" y los impulsos creativos. Como llegan a nosotros espontáneamente, tendemos a pensar que los pensamientos surcan la mente a voluntad. Si eso fuera cierto, ¿cómo podríamos ser responsables por los impulsos mentales que vienen y van? Después de todo, no sabemos cuál será la próxima idea u ocurrencia. Pero los pensamientos llegan en patrones; tú tienes hábitos de pensamiento. Puedes asumir la responsabilidad por estos patrones. Promueve los buenos hábitos y evita los malos. Los líderes exitosos han aprendido a hacer ambas cosas, casi siempre sin saberlo (aunque un buen porcentaje ha entrenado su mente para satisfacer las demandas de ser un líder).

LOS BUENOS HÁBITOS MENTALES

- Piensa clara y concisamente.
- Elimina los prejuicios y las opiniones personales.
- Examina tus ideas preconcebidas para asegurarte que no son de segunda mano y que han sido probadas.
- Explora cada pensamiento en profundidad.
- Pon atención a los impulsos sutiles, concentrándote en ellos hasta que se expandan y desarrollen.

- Aborda cada pensamiento sin juzgarlo o desecharlo prematuramente.
- Camina y ve tu pensamiento desde diversos ángulos.
- Asegúrate de que el estrés, la emoción o el calor del momento no están influyendo mucho.
- Sitúate por encima del drama de la situación.

Cada uno de estos puntos constituye una toma de responsabilidades. Si la dejas actuar por sí sola, la mente en libertad no es ni clara ni concisa. Necesita ser entrenada para podar la repetición. En lugar de un pensamiento vago, define tus pensamientos claramente, escogiendo las palabras que los definan con concisión. La misma atención deberás poner en los demás puntos. A menos que pongamos atención, el prejuicio se entromete en nuestro pensamiento automáticamente —tal es la naturaleza de los hábitos, reaparecer por sí mismos. Una y otra vez, tendrás que darte un momento y decir: "Esto no es lo que quiero pensar. Es sólo un viejo condicionamiento del pasado, una mera percepción de lo que solía pensar."

Respecto de la cognición, tu responsabilidad general es ser consciente de ti mismo. Sólo tú puedes detectar el efecto que las emociones y el estrés están teniendo. Ninguna perspectiva externa puede sustituir la tuya, aunque los consejeros en quienes más confías sí pueden señalarte en qué momento has perdido la claridad. Fíjate en el hecho de que hay dos cosas que no aparecen en la lista: la organización y la disciplina. Algunos líderes deben su éxito a tener una mente altamente organizada y disciplinada. Si examinamos esto en profundidad, la necesidad de forzar tu mente a una disciplina es como entrenar a un animal salvaje en cuya conducta no confías y que es básicamente indeseable. Pero con todo lo alocada que puede ser la mente, también es fuente de respuestas y soluciones espontáneas. La espontaneidad requiere de libertad, y es difícil que algo sea disciplinado y libre al mismo tiempo.

Por supuesto, no puedes dejar que tu mente permanezca en estado salvaje. Hasta el artista más puro que no tolera las reglas y los límites aceptará la disciplina de aprender su arte. De aquí podemos obtener una idea útil: disciplina tu mente como una manera de llegar a la maestría en tu arte u oficio, pero deja que sea libre. De otro modo perderás muchos pensamientos espontáneos que podrían tener mucho que decirte. En la misma vena, permite que todo impulso sutil de la mente —la corazonada o el estímulo más vagos— se expandan. Esto es particularmente importante cuando sientes un ligero *oh-oh*. Bajo la presión de estar de acuerdo con los demás para encontrar soluciones o para liberarte de un problema, todos saltamos a conclusiones equivocadas. Pero el alma no puede ser engañada por lo externo, y cuando sientes, aunque sea de manera muy sutil, que algo no está del todo bien, debes confiar en ti. De hecho, mientras más sutil sea el reparo, el *oh-oh*, más confianza debe inspirarte.

SOY RESPONSABLE POR LO QUE SIENTO

Incluso más que en el caso de los pensamientos, los sentimientos parecen ir y venir a voluntad. Siendo espontáneas, las emociones suelen ser temidas e inspiran desconfianza. Nada es menos bienvenido a la mente que la ansiedad, y muchas carreras prometedoras se han echado a perder por un mal temperamento. Pero no hablamos de tratar de controlar el temor, la ira o cualquier otra emoción. (Por algo es que los programas para el tratamiento de la ira y de las fobias han tenido resultados discutibles, en el mejor de los casos; incluso el promisorio campo de la psicología positiva sigue sin ser avalado por las investigaciones.) No obstante, al igual que sucede con los pensamientos, los sentimientos caen en patrones, y tú puedes asumir la responsabilidad por cambiar dichos patrones.

Un sentimiento es una respuesta que parece tener lugar repentina y automáticamente. Si tienes miedo de las arañas, la vista de una puede causar miedo. Si los platos sucios en el fregadero te hacen enojar, no puedes evitar comenzar a irritarte cuando entras a la cocina y ves que alguien ha dejado platos sin lavar. Pero esta aparente falta de elección es engañosa. Piensa en lo que sucede cuando alguien te avienta una pelota o unas llaves. Incluso si estás distraído, o levantarás tu mano automáticamente para atraparlas o te quitarás murmurando: "No puedo atrapar cosas." Estas respuestas son opuestas; en algún momento de tu vida te entrenaste o no para atrapar cosas. Una vez entrenado, tu respuesta se integró, pero siempre puedes volver a entrenarte. Nunca pierdes la libertad de elección y afortunadamente, la más avanzada investigación sobre el cerebro indica que se pueden agregar nuevas habilidades al cerebro durante toda la vida.

Te has entrenado para sentir de una determinada manera y para evitar sentirte de otra. El truco, si en verdad asumes la responsabilidad, es reemplazar una conducta aprendida por franqueza. Todos valoramos más los sentimientos positivos que los negativos, pero si te entrenas para nunca ser negativo, pasas por alto el hecho de que la "negatividad" es realmente juicio contra el yo. Es una etiqueta que en realidad dice: "Soy malo porque me siento de este modo." Todos hemos experimentado la tensión de estar con personas cuya sonrisa fija y eterno buen humor son prácticamente irreales. "Desentrenar" tus sentimientos significa, antes que nada, notar los patrones. Si respondes automáticamente dudando, por ejemplo, o rechazando las cosas nuevas, si haces gesto de desagrado cuando sobreviene el cambio o cuando aparecen nuevas personas en tu vida, tómate un momento para poner atención a tus sentimientos.

Habiéndolo hecho, espera y ve qué pasa. Al principio, es muy común que la respuesta se diluya hasta desaparecer. Cuando esto sucede, se abre un espacio y ese espacio puede guiarte a tener el sentimiento que quieres tener. No te juzgues. Permite que te llegue cualquier sentimiento, sea cual sea, pero al mismo tiempo no actúes basado en tu ira, temor, resentimiento, envidia, suspicacia o cualquier otro sentimiento que promueva la tensión en quienes te rodean. Los sentimientos son tuyos hasta que los proyectas al mundo. Es tu responsabilidad no proyectar lo que es dañino.

Cuando ya has aprendido a experimentar el espacio abierto que tú solías llenar con reacciones automáticas, algo nuevo aparece. El alma comienza a desarrollar sus propios sentimientos, que siempre son evolutivos. No se trata de eventos emocionales pasajeros, sino de un estado estable del sentimiento. El silencio, la paz y el sentido calmo del yo no vienen y van. Una vez que entras en contacto con ellos, das lugar a lo que el budismo llama los cuatro sentimientos divinos: la amabilidad amorosa, la compasión, la ecuanimidad y la alegría por el éxito de otros. Pero no es necesario que los sentimientos superiores tengan un nombre. (Etiquetarlos puede tentarte incluso a entrenar a tu mente a ser "buena".)

Todas las emociones positivas nos sacan de nuestro yo individual. Es el yo individual al que entrenamos para preferir A sobre B, usualmente porque el ego ha decidido que A contiene beneficios. Más allá del yo individual, existe un flujo natural de sentimiento y cualquier reacción apropiada surgirá por sí misma. El alma siempre trata de darte la respuesta más evolutiva posible, y lo mismo sucede con los sentimientos.

SOY RESPONSABLE POR CÓMO
PERCIBO AL MUNDO

La percepción, como el pensamiento y el sentimiento, parece ser automática. Si percibo que el cielo es azul, esto no parece ser una elección, y sólo se puede ser responsable por aquello que se elige. De nuevo, la ausencia de elección es engañosa. Lo único que sabemos es que las posibilidades nunca son limitadas, así que la elección debe estar presente. Por definición, un líder es alguien que ve más posibilidades que las demás personas. No importa cuál sea el contratiempo o el obstáculo, la evolución está en juego. Puedes adoptar un estilo de ver el mundo basado en este principio: la evolución superior es incontenible.

El pionero de la física, Max Planck, dijo: "Cuando cambias tu manera de ver las cosas, las cosas que miras cambiarán." En un sentido, así funciona la relatividad a nivel del alma. Al cambiar tu percepción, la realidad cambia para ajustarse al cambio. Por tanto, tu percepción interna, que constituye tu sentido del yo, comienza a entrar en acción en este momento. Mientras más expandido esté tu sentido del yo, más posibilidades se liberan a nivel del alma. Nunca se terminarán las posibilidades a menos que decidas limitarte. La causa de la limitación es la creencia. Las creencias negativas actúan como censura. Cuando enfrentan un grupo de posibilidades, estos censores dicen que no en cuanto las cosas que juzgan les parecen peligrosas, equivocadas, malas, imposibles, irrelevantes o ajenas. Por otra parte, tu alma no quiere negarte nada, pero nunca sabrás cuántas posibilidades estarán bloqueando tus convicciones o creencias. Cada posibilidad que no ve la luz del día disminuye tu futuro, haciendo su trabajo invisible y fuera de tu percepción. Lo que necesitas es percibir estas creencias y revertirlas para sustituirlas con creencias que promuevan la evolución.

CREENCIAS QUE BLOQUEAN TU FUTURO

No soy lo suficientemente bueno. Merezco menos que las demás personas.
Para revertirla: Mientras más evoluciono, más merezco. Dado que la evolución es infinita, lo mismo sucede con lo que merezco.

La evasión es una buena manera de posponer las decisiones difíciles.
Para revertirla: Posponer jamás es solucionar; simplemente congela el problema y lo inmoviliza. Si resuelvo el problema ahora, tengo mi futuro entero para gozar de la solución.

No tiene sentido concentrarme en las cosas negativas sobre mí.
Para revertirla: Los problemas no son malos. Nos indican en qué aspectos necesitamos crecer. Debajo de la dificultad hay un aliado oculto. Si no me concentro en mis problemas, perderé el camino a mi propia evolución.

El mundo está lleno de problemas. ¿Qué puede hacer al respecto una sola persona?

Para revertirla: La evolución lleva a la humanidad adelante, haciéndolo con una persona a la vez. Puedo convertirme en el cambio que deseo ver. Cuando eso sucede, contribuyo a la conciencia colectiva, y todos dan un paso hacia la masa crítica requerida para el cambio a nivel global.

El cambio es demasiado difícil.

Para revertirla: La vida no es otra cosa que cambio. Cada célula en mi cuerpo cambia constantemente, como sucede con mis pensamientos, sentimientos y con los eventos que tienen lugar a mi alrededor. El punto en verdad importante es que el cambio puede ser consciente o inconsciente. Por el simple hecho de poner más atención, de ser más consciente, me convierto en un poderoso agente del cambio. No hay necesidad de forzar nada, sólo debo expandir mi conciencia.

Somos prisioneros de eventos y accidentes al azar, que están fuera de nuestro control.

Para revertirla: Ser controlado por algo, incluyendo el azar, es ser una víctima. Los accidentes son imprevisibles por naturaleza. Yo puedo elegir hacer de lo desconocido mi amigo o mi enemigo. Como amigo, lo desconocido trae nueva vida, nuevas ideas y nuevas posibilidades. Me concentraré en eso y dejaré ir el resto.

Todos tenemos enemigos. Me haré a un lado para tener la menor cantidad posible de enemigos.

Para revertirla: "Enemigo" es uno más de los nombres que damos a un obstáculo. Cada vez que encuentro un obstáculo, mi alma lo ha puesto ahí con un propósito y ha dispuesto una solución simultáneamente. No necesito concentrarme en lo que otra persona siente respecto de mí; mi objetivo no es ser amigo de todos. En lugar de ello, estoy aquí para evolucionar y seguir el camino que mi alma desenvuelve frente a mí día a día.

SOY RESPONSABLE POR MIS RELACIONES

Debido a que en las relaciones participan dos o más personas, tú puedes ser sólo responsable por tu parte. Sin embargo, relacionarte con alguien también produce una fusión, así que no es tan sencillo determinar cuál es tu parte. El líder sigue una regla general: cuando las cosas van bien, reconoce a la otra persona; cuando las cosas no van bien, sé el responsable de cambiarlas. Si esperas a que la otra persona cambie las cosas, o cambie él o ella misma, tal vez debas esperar por siempre. Debes llegar a la autosuficiencia, que es el hecho de darte cuenta de que eres suficiente. No necesitas que otra persona te complete. Cuando esto te queda en verdad claro, dejarás de pedir a los demás que cambien para que te sientas mejor. No es su responsabilidad; no demuestra tampoco qué tanto les importas; y no importa qué tanto lo intenten, tú puedes terminar sintiéndote mal de todos modos.

Ya hemos discutido un punto más básico. Como líder, debes comprometerte a construir relaciones. Ése es un punto de partida necesario, pero muchos no lo toman en cuenta. En este caso, la creencia subyacente es que las relaciones son demasiado difíciles. Puedes revertir esta creencia al darte cuenta de que las relaciones, difíciles o fáciles, terminan por ser prácticamente todo en la vida. Si te convences de que puedes estar completamente solo, te estás engañando. Incluso si te escapas a vivir en una cabaña en el Polo Norte, rodeado de desierto gélido, llevarías contigo tus relaciones pasadas en el recuerdo, en tus hábitos, en tu personalidad y en tus expectativas.

Toda persona es la suma total de las relaciones pasadas y presentes. Para tomar la responsabilidad, debes seguir algunas guías:

Advierte claramente la diferencia entre el pasado y el presente.

No traigas las relaciones pasadas a tus relaciones presentes.

Relaciónate con base en los valores positivos compartidos. Evita relacionarte sobre la base de los prejuicios y las animadversiones compartidas.

Como líder, trata de relacionarte con igualdad e imparcialidad.

Evita hacer mal a la otra persona.

Sigue la regla de oro: los demás se darán cuenta cuando los trates como te gustaría que te trataran a ti.

Aumenta la autoestima de la otra persona.

En cierto modo, este último punto se ha convertido en una suerte de Regla de Oro psicológica. Ya hemos visto cómo el líder satisface necesidades específicas de acuerdo con la jerarquía de la necesidad. No obstante, tú actuarás con los demás muchas veces y no todo encuentro tiene que ver con la necesidad. Lo que hay en común entre todos los encuentros es que un ser entra en contacto con otro ser. Asegúrate de que, cuando te vayas, el otro ser se sienta apoyado, mejorado, validado, alentado o apreciado. Esto es lo más cerca que llegamos a estar, en la vida diaria, en un contacto de alma a alma. Las relaciones son un tema muy amplio, pero esta es la esencia espiritual.

SOY RESPONSABLE POR MI PAPEL EN LA SOCIEDAD

Hasta ahora, tus responsabilidades han sido íntimas y personales, pero al considerar lo social, muchos miles de personas están involucradas. Nuestras relaciones se tornan más invisibles también, más abstractas. Tú creas un impacto en la sociedad al dar un voto, al elegir en dónde vivir, al ofrecerte como voluntario para ciertas causas y al donar a ciertas obras de caridad. Sin embargo, existe mucha investigación reciente sobre las conexiones, misma que arrojó resultados que los sociólogos no anticipaban. Como líder, necesitas percatarte del poder del "contagio social", un término inventado por los investigadores que describe cómo se difunde la influencia de una persona a otra.

Al nivel del sentido común, todos sabemos que los chismes y los rumores tienen vida propia, así como pasa también con las leyendas urbanas. Las teorías conspiratorias de ayer dan pie a la perspectiva paranoide de hoy. Pero el contagio social llega mucho más hondo de lo que el sentido común jamás nos indicó. Los estados de ánimo, las actitudes y los hábitos están involucrados. Si, por ejemplo, estás cerca de un miembro de la familia deprimido, tienes más probabilidades de deprimirte que el promedio. Pero lo mismo sucede si conoces a alguien que tiene un amigo deprimido, incluso si la persona que conoces no está deprimida.

Se trata de un hallazgo bastante extraño, pero los datos lo apoyan. Tienes mayor riesgo de engordar o de fumar si el amigo de un amigo tiene sobrepeso o fuma. Nadie puede explicar estar influencias de tercera y hasta de cuarta mano. Sin embargo, estos "grados de separación" son en realidad grados de vinculación. El contagio social es real pero invisible. Y funciona en ambos sentidos. Las influencias positivas tienen su propio grado de contagio, de manera que si el amigo de un amigo tiene buenos hábitos de vida o una perspectiva optimista, es más probable que tú las desarrolles también. Esto significa que si quieres ser parte de una red social invisible, es bueno elegir la que tenga efectos positivos y de mayor alcance. Y tú influyes aunque no te hayas dado de alta como participante oficial.

Varias frases atractivas han tratado de describir el poder de la influencia. "Punto de inflexión" y "masa crítica" se cuentan entre las más populares. Ambas se refieren a una especie de reacción en cadena. En un momento dado, la gente cree algo que se extiende y no puede detenerse. Los innovadores, los políticos, los publicistas y los estudios de cine están en el negocio de crear nuevos puntos de inflexión, pero el efecto de la masa crítica es importante en cualquier campo. Se requiere de una aldea para hacer algo o, más bien, se requiere el equivalente social de la división celular; las ideas se propagan al incrementarse exponencialmente. (No es accidental que los videos populares en la red se vuelvan "virales", indicando su propagación infecciosa.)

Las redes sociales se han convertido en una necesidad del mundo moderno y las redes que creas o a las que te sumas deben reflejar tu nivel de conciencia:

Súmate a redes que se dediquen específicamente a tu propósito principal.

Contribuye positiva y detalladamente a éstas.

Trata cada mensaje como lo harías con un encuentro personal, es decir, con sinceridad y respeto.

Comparte tus más altos ideales y mantén esos ideales en mente cada vez que mandes un mensaje. Cada transmisión debe reflejar tus valores esenciales o, al menos, no contradecirlos.

Resiste la tentación de amplificar el chisme destructivo, los rumores y las teorías paranoides.

Sostén un contacto cercano y regular con los miembros de la red que más te interese. No te metas en más redes sociales de las que puedes atender.

Aunque muchos tipos de mensajes son pasajeros y breves, cuando hagas un contacto extendido, sigue la regla de oro de las relaciones: aumenta la autoestima de la otra persona.

SOY RESPONSABLE DE MI AMBIENTE INMEDIATO

Nos proyectamos en el ambiente que nos rodea, así que cada situación conlleva su propia atmósfera. Tan pronto como una persona entra a una habitación, la atmósfera cambia, aunque sea sólo un poco. Los líderes crean grandes cambios: su tono sienta las bases del ambiente que otros experimentan. No importa si te sientas callado y sin decir nada, tu influencia aún será poderosa. No obstante, puede ser difícil leer el efecto que estás causando. Después de todo, sólo has visto interactuar a la gente cuando has estado presente. Desconocemos cómo se comportan los demás cuando no estamos, cuando salimos de la ecuación.

Espiritualmente hablando, la proyección que una persona crea es total. Tú eres el todo de la situación en que te encuentras, el creador de un continuo efecto de espejo. Puedes elegir aceptar o rechazar este principio, pero no es muy difícil probártelo. Para hacerlo, adquiere el hábito de comparar el "aquí adentro" con el "allá afuera". Para estar consciente de esto, debes hacerte preguntas que reconecten el interior con el exterior. Ambos dominios no están nunca separados, pero los percibimos así por la falta de atención consciente. Echemos un vistazo a las cuatro vías que utilizamos para delinear nuestra experiencia: estado de ánimo, memoria, expectativa y percepción.

Estado de ánimo: ¿Está relacionada la situación con mi estado de ánimo? En cierto nivel, todos vemos el mundo a través de lentes de diversos colores. La puesta de sol no luce igual para una persona deprimida que para un enamorado. A un nivel más profundo, el hecho de que estés afuera viendo el atardecer indica que el atardecer es parte de ti; por tanto, tu estado de ánimo no sólo colorea el atardecer, sino que lo crea. Esto es, cuando estás deprimido, no estás mirando algo hermoso y glorioso sin la capacidad de apreciarlo: el atardecer *te está* deprimiendo; para ti, en este momento, no existe otra manera de ser. O piensa en alguien a quien quieras mucho o en alguien a quien desprecias. Cuando esa persona entra en la habitación, tu sentimiento es parte de ella. Mientras seas el observador, la persona adopta los atributos de tu estado de ánimo.

Memoria: ¿Está la situación relacionada con algo de tu pasado? Tu experiencia del pasado crea el presente. Esto también funciona a varios niveles. Obviamente, cuando ves a alguien que reconoces, acudes a la memoria; de otro modo el mundo estaría lleno de extraños y de objetos desconocidos. De hecho, sería un mundo extraño. La memoria también indica que un auto no es un montón de metal pintado sino una maquina que sabes conducir. Todo reconocimiento es memoria. A un nivel más profundo, no puedes deshacer la memoria: sólo puedes tomarla tal cual es. Un libro es algo que sabes cómo leer. No puedes hacer que un libro sea una colección de marcas sin sentido en una página, como lo era cuando tenías dos meses de edad.

Expectación: ¿La situación es como yo esperaba que fuera? Salvo en casos excepcionales, la respuesta es sí. Las expectativas preceden al involucramiento. Conforme te involucras, tus expectativas guían lo que crees que está pasando. Imagina que estás a punto de conocer a un extraño. Has escuchado decir que es agudo y encantador. Justo antes de que entre a la habitación, alguien susurra a tu oído: "Es un estafador conocido." La situación cambia de pronto porque tu expectativa ha sido alterada. A un nivel más profundo, tus expectativas realmente dan forma a lo que otros hacen o dicen. Sintonizamos sutilmente con las expectativas de los demás. Podemos sentir si las cosas serán fáciles o difíciles, abiertas o cerradas, amigables o indiferentes. Las señales silenciosas dan forma a todos los encuentros. En relación con las situaciones que escapan a nuestras expectativas, usualmente la expectativa era falsa o se trataba de una proyección: estamos cubriendo el miedo, la aprensión, la suspicacia o las dudas. La "sorpresa" se aviene mejor a estas expectativas reales pero ocultas; no debe sorprendernos que de pronto advirtamos sentimientos que habíamos negado o escondido.

Percepción: ¿Estoy viendo la situación a través de lentes o cristales entintados? Aquí la regla es "verlo así lo hace así". Hablamos del nivel más sutil de la experiencia, porque la percepción es creativa. Nuestra creencia de que observamos pasivamente el mundo está equivocada. Tal como señalan sin dudar los neurólogos, toda cualidad del mundo, todo atributo es creado en el cerebro. Tu córtex visual crea la luz del sol. Por sí misma, la radiación solar es un vacío. Se trata sólo de una banda de frecuencias en el campo electromagnético. Con un cerebro de otro tipo, podrías ver al mundo iluminado por el magnetismo o la temperatura o incluso por la gravedad. Los datos crudos deben convertirse en color, luz, sonido, textura, forma, aroma —así es, todo lo que puedes percibir tiene que pasar por esto.

Llevado a su conclusión espiritual más honda, sólo percibes tu creación. Si eso suena increíble, considera la idea al revés. ¿Puedes participar en algo que no conoces? Los neutrones y los rayos gamma pasan a través de tu cuerpo, los niveles hormonales suben y bajan, tu metabolismo se regula de acuerdo con la temperatura de la habitación y con lo que has comido en el desayuno.

No participas en estos eventos porque no los estás percibiendo. El aspecto espiritual de todo esto es que tu alma percibe todo, por tanto, participa en todo. No hay diferencia entre regular las enzimas hepáticas y los eventos que te sucederán hoy y a la gente que conocerás. Al nivel del alma, la percepción crea todo. Podrías protestar diciendo que no eres el creador de una piedra y de su dureza o de un extraño en el camión o de las palabras que dirá. Sin embargo controlas todo esto en tus sueños.

Los sueños son el dominio de la percepción. Pueden tener imágenes, sonido, tacto, gusto y aroma. Pero esas sensaciones no están separadas de nosotros; somos la fuente de nuestros sueños y de todo lo que sucede en ellos. De acuerdo con las tradiciones de sabiduría a nivel mundial, lo mismo sucede con la realidad de "allá afuera". El mismo cerebro que crea cada detalle del ambiente onírico es responsable de cada detalle del ambiente cuando estamos despiertos. Si no te sientes listo para dar este paso conceptual, no hay necesidad de que lo hagas. Sólo sigue probando si eres o no la situación. Mientras más hondo llegues, más te convencerás de que así es.

SOY RESPONSABLE DE LO QUE DIGO

Las palabras que pronuncias son eventos por derecho propio. Tienen un efecto en las otras personas, lo cual nunca debe olvidarse. La razón por la que he reservado esta responsabilidad casi para el final es que tus palabras desarrollan el pensamiento, la emoción, la percepción, las relaciones y el rol social. Todo lo anterior está involucrado. Los lingüistas nos dicen que el discurso no sirve solamente para comunicar ideas. Una simple frase es multidimensional. Piensa en todo lo que descubrimos por medio de un tono de voz, por ejemplo. En un momento puedes determinar con bastante precisión si quien habla está triste o feliz, involucrado o distanciado, si es cálido o frío, amigo o extraño, abierto o cerrado, disponible o no —y apenas estamos arañando la superficie. (Un psiquiatra prominente que tiene un programa de radio desde hace mucho tiempo, decía que podía diagnosticar la personalidad de quien llamaba con solo escucharlos decir su nombre.)

Cuando te haces responsable de tu discurso, vas más allá del mero contenido. Esto puede ser difícil. A todos nos desagradan comentarios como: "No me gusta tu tono", "¿Qué tratas de decir?", "Ya sé de qué se trata esto" o "Dices una cosa pero tu intención es otra". Lo que nos molesta es que nos recuerden que estamos revelando más de lo que queremos, y sin embargo todos sabemos que esto pasa muy seguido. Es natural que el discurso revele a nivel de nuestros sentimientos, de lo que queremos, de lo que quisiéramos esconder y de lo que esperamos que la otra persona entienda. Un líder asume la responsabilidad de estas dimensiones adicionales.

Una vez que asumes esta responsabilidad, se abren ante ti dos opciones. Puedes disciplinar y controlar tu discurso, dejando que otros reciban sólo lo que quieres que reciban, o puedes aceptar que ser abierto es mejor, en cuyo caso dejas que la gente lea lo que quiera leer en ti. La segunda opción te hace más vulnerable, pero es la mejor elección, porque la gente va a leer en ti toda suerte de cuestiones que están fuera de tu control. La impresión que cualquiera tiene de ti es su propia creación. Dado que es imposible escapar de ella, deja que tu luz brille tanto como puedas. Mantén lo menos posible en la sombra. No debes crear sentimientos ambivalentes o inescrutables a propósito. Sé consistente con lo que dices. Observa las reglas de cortesía y respeto por los demás. Estos son los requisitos que debes cumplir para ser dueño de tus propias palabras y del efecto que tienen en los demás. El discurso es una ventana del alma. Tendrás mucho más éxito si abres la ventana que si la mantienes cerrada.

SOY RESPONSABLE DE MI CUERPO

Podrías pensar que cuidar tu cuerpo es algo tan básico que debió de aparecer en primer lugar de la lista. He colocado al final este punto por una razón. Tu cuerpo no es una máquina hecha de carne y sangre. Visto desde la perspectiva del alma, es la proyección de tu conciencia. De hecho, es la más completa proyección de quién eres, más que tus pensamientos, sentimientos y palabras, que vienen y van. Tu cuerpo es una proyección constante de ti en el mundo. Cada célula habla de ti en tus pensamientos. No puedes responder al mundo sin afectar tus tejidos y órganos. Sin cuerpo no puedes conectarte con el universo; por tanto, tu cuerpo es el vehículo de tu evolución.

Todo líder quiere estar en sintonía. No puedes sintonizar sin un cuerpo —hasta ahí, es algo bastante evidente— pero la calidad de tu sintonía es en sí bastante sutil. La pérdida de una hora de sueño, por ejemplo, distorsiona los reflejos y nubla la percepción casi tanto como perder la mitad de una noche de sueño. Una comida pesada y grasosa con un vaso de vino, aletarga la mente y hace que las decisiones sean menos confiables. La energía biológica disminuida, ya sea a causa de la enfermedad, la fatiga o el estrés, no puede sino vaciar la energía mental. La conexión mente-cuerpo no es como una lámpara conectada al enchufe de la pared. Se trata de cien mil millones de neuronas conectadas entre sí y luego con billones de células en todo el cuerpo. Todos los ciclos de retroalimentación comienzan y terminan con el cuerpo.

Una vez que logras ver a tu cuerpo como la proyección de todo lo que eres, asumir la responsabilidad de él no se parece al hecho de inscribirte en un gimnasio u ordenar pescado en lugar de carne. Piensa en tu cuerpo como si éste metabolizara el mundo, ingiriendo más que sólo comida, agua y aire; tu cuerpo está metabolizando cada experiencia. Esto es así porque cada experiencia utiliza energía proporcionada por la comida, el aire y el agua. Las reacciones químicas transforman los datos crudos en "mi" experiencia; te apropias de la experiencia al interiorizar, literalmente, cada visión y cada sonido. Lo que una vez fue "allá afuera", es ahora un "aquí adentro", y gracias a la memoria celular, es probable que esa información permanezca contigo por un largo rato.

Esta perspectiva no cambia las cuestiones básicas de cualquier estilo de vida sano, que ya son familiares: una dieta balanceada baja en grasas, ejercicio regular enfocado en el impacto cardiovascular, dormir bien, meditar y manejar correctamente el estrés. De cualquier manera, esto te acerca a una verdad simple: tu cuerpo existe para servirte. Pero sólo puede dar la que puede dar, no más. Si ves a tu cuerpo como una conciencia que ha asumido forma material, queda claro que puede dar mucho más por medio de la conciencia. El regalo físico de la conciencia está presente cuando el cuerpo está ligero, brillante, flexible, lleno de energía, equilibrado y cuando tiene rápida respuesta. Dado que todas estas son cualidades que deseas tener como líder, una manera de tenerlas consiste en hacerte responsable por tu cuerpo.

Hemos cubierto ocho áreas de la vida de las que eres responsable, pero por favor toma nota de que no se trata de cuestiones que añadan peso a tu carga como líder. Cada una puede ser dominada sin esfuerzo una vez que te has comprometido a ser guiado por el alma. Al evolucionar, las divisiones desaparecen. La mente, el cuerpo, la conducta y el discurso comienzan a fluir juntos. Entonces comienzas a dominar no sólo el arte del liderazgo, sino el arte de vivir. Tu alma empieza a influir en todo lo que haces y, al hacerlo, la distancia entre tú y tu alma desaparece. La totalidad comienza a dominar. En la siguiente sección de este libro veremos cómo la vida se convierte en totalidad. Lo milagroso se torna normal, el campo de las posibilidades pierde todo límite. Antes de que eso pueda suceder, debes ser responsable por lo que eres y por lo que quieres ser.

LAS LECCIONES DE LA RESPONSABILIDAD

- Liderar desde el alma significa tomar responsabilidad por tu evolución y la evolución de otros. La evolución es una fuerza incontenible. Al alinearte con ella, te beneficiarás y beneficiarás a quienes te rodean.
- En todas las áreas de tu vida, desde la mente y el cuerpo hasta las relaciones personales y el rol social que desempeñas, tu alma puede traer progreso continuo. Ningún aspecto es pasado por alto.
- En términos espirituales, la situación eres tú. Cada experiencia refleja tu nivel de conciencia. El mundo exterior y el interior se funden a nivel

del alma. Ser responsable, en última instancia, es aceptar la totalidad de la vida.

QUÉ HACER HOY

Este capítulo delinea un plan para alentar tu propia evolución y la evolución de otros. Pero para esto, se requiere no desalentar la fuerza de la evolución. Tú eres el alma del grupo. Tu conducta es como un imán, atrayendo conductas similares. En términos espirituales, el impulso de crecer y expandir es una fuerza incontenible, pero podemos resistirla y hacer elecciones que minan nuestro crecimiento. Cuando un líder va en contra de la evolución, el grupo entero será afectado.

Hoy, tómate algún tiempo para mirarte con detenimiento y pregúntate si estás cayendo en alguna de las siguientes conductas que desalientan la evolución.

Diez conductas desalentadoras

1. Me obsesionan los riesgos. No dejo de preocuparme respecto de la posibilidad de equivocarme.
2. No enfrento los problemas, incluso cuando los tengo frente a mí.
3. Secretamente, quiero que el grupo haga lo que yo quiero.
4. No he asumido la responsabilidad por mi última mala decisión y sus consecuencias.

5. Culpo a quienes me rodean; me invento excusas.

6. Necesito aprobación.

7. No delego autoridad o la delego pero mantengo un férreo control de todas las decisiones.

8. Cuido más de mí que del grupo.

9. Sólo escucho a quienes conforman mi círculo más cercano.

10. Me descubro mintiendo o escondiendo la verdad.

Debes estar al pendiente de estas trampas ya que, sea en su forma más leve o en la más severa, bajan la conciencia del grupo. Los físicos utilizan el término *entropía* para describir cómo se disipa la energía en el universo. La conducta errónea tiene su propia manera de absorber energía, pero eventualmente se tendrá que pagar un precio cuando el grupo se debilite, pierda concentración o se divida.

Si en lugar de ello adoptas una conducta evolutiva, servirás el propósito del alma, el cual consiste en elevar la conciencia del grupo.

Tu alma te dio el deseo de vivir una verdad superior. En términos prácticos, necesitas revertir cada conducta desalentadora, de la siguiente manera:

Diez conductas evolutivas

1. No te obsesiones con los riesgos. Concéntrate en los resultados positivos.

2. Enfrenta los problemas cuando aún se encuentran en forma de semilla.

3. Primero y principalmente, debes sintonizar con las necesidades del grupo.

4. Asume la responsabilidad por tu última mala decisión, y luego déjala ir.

5. No culpes a los demás ni inventes excusas.

6. Debes ser inmune a la buena o mala opinión de los demás.

7. Demuestra confianza en aquellos en quienes delegas autoridad.

8. Sé generoso al dar, más que al recibir.

9. Ábrete a cualquier fuente de información y consejo sabio.

10. Prométete decir la verdad, particularmente cuando sea más tentador mentir.

La conducta evolutiva no puede forzarse —debe ser cultivada. Muchos líderes exitosos aprenden a evolucionar naturalmente como resultado de estar en sintonía con sus voces internas y al ser guiados por la intuición. La conducta destructiva tiene la capacidad de eliminar a los malos líderes por medio del fracaso. Sin embargo, las conductas enlistadas arriba están alineadas con el poder evolutivo del alma, que en forma invisible hace que este poder esté a tu disposición para ayudar y apoyar. La conducta correcta te mantiene sutilmente alineado con la evolución misma, con la tendencia que todas las cosas tienen a crecer orgánicamente y expandirse.

SINCRONÍA

Todo líder necesita apoyo, y ningún apoyo es más poderoso que el que da el alma. El alma da una serie de continuos regalos importantes provenientes del misterio. Éste es el trabajo de la sincronía, la inteligencia invisible que te coloca en el lugar correcto en el momento correcto. Los primeros seis apartados de esta primera parte te han preparado para dar el salto de conciencia, el salto que te permite vivir desde el nivel de tu alma. Aquí los milagros son normales. Los poderes invisibles vienen en tu ayuda. Convierten tu visión en una certeza.

Los visionarios exitosos esperan milagros porque confían en un apoyo constante del alma. Se trata de una forma natural y fácil de vivir. Permites que se desenvuelva tu ser verdadero, luego abres el mismo camino a aquellos a quienes lideras y sirves.

Como veremos, la sincronía nunca es accidental, tiene un propósito. Valida que tu motivo es verdadero. Prueba que tu confianza en el alma está bien ubicada. Conforme tu conciencia se expande, recibirás mensajes del alma que son inconfundibles. Sólo necesitas abrirte y recibirlos.

Este último aspecto del liderazgo es más misterioso que los otros. Todos los líderes exitosos pueden recordar pequeños milagros en su pasado, pero los visionarios exitosos experimentan milagros mayores. Un pequeño milagro implica un golpe de suerte, o estar en el momento oportuno en el lugar oportuno. Un milagro mayor es algo muy distinto. Lo imposible se convierte en una certeza, y un guía en las alturas interviene y altera el curso de tu vida. El alma puede crear milagros para cualquiera; las limitaciones están en nosotros mismos. Remueve esas limitaciones y nada volverá a ser igual.

Liderar desde el alma implica tener la clase de apoyo que está escondido para la mayoría de la gente. Esto no se trata de hacer que Dios esté de tu parte. Dios está de parte de todos, porque Dios consiste también en entender cómo concebimos el poder infinito que organiza la creación. Si el alma es tu vínculo con este poder, puede disponer cualquier evento en el tiempo y en el espacio. El término para describir dichos eventos es la *sincronía*. La definición básica, "una coincidencia significativa", no es en realidad adecuada para describir lo que sucede. Las coincidencias vinculan dos sucesos improbables —por ejemplo, dos extraños se conocen y resulta que tienen el mismo apellido, o que fueron a la misma escuela. La sincronía, por otra parte, altera los eventos para dar mayor significado. Dos personas se encuentran y una tiene la respuesta a un problema que la otra no ha podido resolver, y en el proceso de esa pequeña semilla de idea, se da una fabulosa oportunidad de crecimiento. De pronto, un sueño personal tiene la oportunidad de convertirse en realidad.

Cuando a los líderes les preguntan por qué son tan excepcionalmente exitosos, responden utilizando la frase "buena suerte" con mucha mayor frecuencia que cualquier otra frase —se percatan de que han tenido vidas excepcionales pero no cuentan con un modelo para explicarlas. La sincronía es el modelo correcto. Describe un proceso fundamental en el universo. Tu cuerpo depende de una sincronización inimaginable. En el caso de más de cien mil millones de neuronas, cada una busca su propio alimento, aire y comida, al igual que un paramecio o una amiba procuran su supervivencia en un estanque verde durante un día de verano. Sin embargo, las células cerebrales actúan en perfecta coordinación. Cada pensamiento es una danza exquisitamente coreografiada.

Miles de millones de neuronas se coordinan para que puedas leer esta oración. Ningún sistema visible las conecta. La sincronía ha creado un milagro mayor a una escala casi invisible. Si esto tuviera lugar en una escala visible, sería como si cada persona de la tierra dijera la misma oración al mismo tiempo sin planearlo por adelantado. La coincidencia no puede, ni remotamente, describir lo que sucede en este caso.

En los momentos de verdadera sincronización, el universo te abraza y te das cuenta de quién eres realmente. El verdadero tú no está separado ni aislado. El mundo que experimentas no funciona al azar, sino que los eventos son combinados para traerte el mejor resultado posible. Se espera que los líderes den resultados, así que no es de sorprender que los más grandes líderes compartan el secreto de la sincronía. Se apoyan en poderes invisibles que vienen en su ayuda. Tu visión personal necesita el mismo apoyo, y puedes aprender a cultivarlo. Los milagros en tu vida indican que has tenido una fuerte conexión con tu alma. Piensa en ellos como repentinos cambios en tu evolución. Una vez que respetas la presencia de la sincronía, siempre estará ahí cuando la necesites. Luego puedes compartir este beneficio con quienes te rodean.

EL MEJORAMIENTO DE LO NORMAL

Para maximizar tu acceso a lo milagroso, puedes dar algunos pasos prácticos. Si los sigues, puedes convertirte en un visionario exitoso, el objetivo que da a este libro su razón de ser.

EL CAMINO A LOS MILAGROS

- Considera la sincronización como algo normal.
- Busca el mensaje oculto.
- Acude al lugar al que seas guiado.
- Vive aquí, en el presente.
- Comprende la armonía de los conflictos implícitos.

• Alienta la unidad; desalienta las divisiones.
• Alíneate con una nueva creencia: "Yo soy el mundo."

Como puedes ver, algunos de estos pasos son internos; implican cambiar tus viejas creencias y expectativas. Otros son externos; tienen que ver con tu manera de actuar en el mundo y con tu forma de relacionarte con los demás.

CONSIDERA LA SINCRONÍA COMO ALGO NORMAL

El primer paso consiste en revertir la creencia de que la sincronía es anormal. Sin ella, la vida no podría existir. La ecología está exquisitamente coordinada. Un gato puesto dentro de un frasco sellado morirá por la falta de oxígeno. Un helecho morirá por la falta de dióxido de carbono. No obstante, ponlos juntos y sobrevivirán. En una escala planetaria, esta delicada interdependencia va mucho más allá de la mera sobrevivencia: la naturaleza provee un escenario para que todas las especies se desarrollen y evolucionen. Tú formas parte del mismo flujo de vida. Fuiste diseñado para desarrollarte y evolucionar en la ecología que te rodea. Muchos dirán que los eventos más importantes de una vida dependen del azar. Ciertamente, en la visión materialista del mundo, lo aleatorio domina: la inteligencia es un accidente secundario que de algún modo produjo el cerebro humano por medio de prueba y error. Si aceptas esta visión del mundo, por supuesto que entenderás a la sincronía nada más como un ejemplo de intrigante coincidencia.

A pesar de los accidentes y el azar, en nuestra experiencia cotidiana nos apoyamos en la conciencia, venga de donde venga. La teoría es una cosa, la práctica es otra. Nuestras vidas significan algo. No tenemos que afirmar que un poder superior está en acción; es mucho más simple decir que la inteligencia está por todas partes. Piensa en un evento sincrónico en tu vida, por ejemplo, cuando conociste a un extraño que terminó desempeñando un papel muy significativo en tu vida. Si sólo se tratara del azar, las probabilidades serían de millones a una. Se trata de algo más simple —y, de acuerdo con el principio de la navaja de Occam, más lógico— decir que el encuentro tenía que llevarse a cabo, que una inteligencia guía trabajaba invisiblemente, delineando el evento para un propósito determinado. En las tradiciones de sabiduría del mundo, esta explicación se extiende a toda la vida de una persona. Los visionarios exitosos adoptan esta creencia porque ha probado ser válida en sus propias vidas.

Los visionarios se sienten conectados con un propósito mayor.

Experimentan que sus sueños se conviertan en realidad.

Han rezado y recibido respuesta.

Sienten que sus vidas son altamente significativas.

Se sienten guiados desde su interior.

Confían en la sincronización significativa.

Caminan por el sendero que les fue destinado.

No tienes que convencerte de que estas cosas son verdad. Se vuelven realidad fácil y naturalmente, conforme la conciencia se expande. De hecho se convierten en lugar común. La sincronía no es una forma de favoritismo divino que pone a unos cuantos privilegiados adelante de nosotros. Todos reciben este apoyo por igual desde el nivel del alma.

Busca el mensaje oculto

Si tu alma te está enviando mensajes en este momento, necesitas recibirlos. Esto no es diferente a tener una conversación con alguien. Si ignoras lo que la otra persona te dice, el diálogo llega a su fin. En la mayoría de las vidas, el diálogo con el alma es muy tenue y dubitativo. El ser capaz de recibir los mensajes del alma hace una diferencia real, pero la diferencia es más fácil de describir por lo que está ausente que por lo que está presente.

No te sientes abandonado ni falto de amor.

No estás aislado y solo.

Tus acciones no están dictadas por el hábito y los impulsos al azar.

Tu existencia ha dejado de ser un acertijo.

No eres una víctima.

Pude haber utilizado la versión positiva de cada afirmación ("Te sientes acompañado y amado", "Tu existencia cobra sentido", etcétera), pero quiero enfatizar los problemas que se han ido. Hay momentos en que los cambios son fáciles de advertir, pues no puedes pasarlos por alto. El primer día en que te recuperas de un resfriado, no puedes sino notar que ya no estás congestionado ni te duelen los músculos. Sin embargo, con el paso del tiempo, este contraste desaparece. Lo mismo sucede espiritualmente. Puede que de pronto te des cuenta de que ya no te sientes solo ni incomprendido ni inseguro en el mundo, si es que tales eran tus problemas. La mayor parte del tiempo, simplemente hay un flujo de conexiones que nos parecen normales.

"Buscar el mensaje oculto" significa tomarte un momento para notar las cosas negativas que se han marchado: el temor, la incertidumbre, la amenaza, la ira, el resentimiento, la envidia, la lucha, los obstáculos externos. Las voces interiores que te criticaban y juzgaban, los recuerdos traumáticos, las relaciones tóxicas, la culpa y la vergüenza. La lista es larga, y la mayoría de nosotros rara vez la viviremos por entero. Sea como sea, conforme tu conciencia se expande, notarás que los elementos de la lista se esfuman consistentemente y tu vida será más tranquila y coherente. Esa es una señal de que se está en un diálogo verdadero con el alma.

ACUDE AL LUGAR AL QUE SEAS GUIADO

Una vez que el diálogo con tu alma esté establecido, llevará a algún lado. Te guiará en tu camino. Pero si tu guía está en silencio, ¿cómo saber si estás poniendo suficiente atención? La señal más clara es que tu ego ya no domina tu pensamiento. Hemos discutido el ego en el capítulo cinco; contrasta sus términos "yo", "mi", "mío" con los valores transpersonales en donde la perspectiva es "nosotros". Conforme la conciencia se expande, tu ego se convierte cada vez más en un observador. Cada vez hará menos exigencias de que pongas atención.

La guía del alma no se da bajo la forma de instrucciones, como "No seas egoísta", o "Piensa en los demás". Siendo silenciosa, el alma trabaja de manera diferente —hace que los viejos hábitos sean menos satisfactorios. La sensación se parece a la de estar caminando en tierra firme que de pronto desaparece. Por ejemplo, puede que alguien te haga enojar, pero en lugar de dejarte ir contra esa persona y sentir que tu ira está justificada, descubres que el sentimiento tu ira se evapora. La guía consiste en la gradual disolución del ego y sus respuestas familiares: la ira, el temor, el resentimiento, los celos y la constante necesidad de compararte con los demás.

Puedes verte siendo guiado en las siguientes etapas:

LAS ETAPAS DEL CAMBIO PERSONAL

1. Estar atorado: Estoy acostumbrado a actuar así. Le va bien a quien yo soy. La situación hace que yo reaccione así. ¿Cuál es el problema? No tengo un problema.

2. Las primeras dudas: Mi reacción no se siente del todo bien. Siento algo de culpa. Es como si no pudiera ayudarme a mí mismo, pero quisiera hacerlo.

3. El autointerrogatorio: Necesito dejar de reaccionar de esta manera. No tiene sentido; ya no se siente bien. Si es que algún día cambio, estos viejos hábitos tienen que cambiar.

4. Buscando el cambio: Me percato de mi reacción y hago mi mejor esfuerzo por detenerla. Otros saben que quiero cambiar, y me ayudan y me alientan. Me fijo en las personas que no reaccionan como reacciono yo. Quiero ser como ellos.

5. Encontrar el cambio: Tengo más control sobre mis reacciones. He aprendido a dejar ir. No obtengo satisfacción de mi anterior forma de comportamiento. Ni siquiera reconozco a la persona que solía ser.

6. Reintegración: Soy nuevo. Hay rastros de mis viejas reacciones, pero casi no tienen influencia en mí. No pienso en mi antigua forma de ser. Me queda claro quién soy y me siento feliz con la persona que veo dentro de mí.

Aunque la sincronía se experimenta en lo privado y subjetivamente, estar familiarizado con estas seis etapas del cambio personal es muy útil para cualquier líder. Como líder, tu rol es motivar el cambio, de modo que necesitas reconocer los síntomas. La gente rara vez tiene una epifanía que cause el cambio, de muy malo a muy bueno, como sucede con el señor Scrooge.

En la vida real, Scrooge coquetea con la posibilidad de ser mejor y menos tacaño, dando algunos pasos en esa dirección nueva, y con recaídas frecuentes. Pero el cambio está ocurriendo. Como líder, puedes alentar cada paso del camino notándolo y siendo comprensivo. Mírate como la partera mira a un frágil recién nacido. Expresa tu aprecio ante la aparición de los mínimos signos de lo nuevo, conforme emergen.

VIVE AQUÍ, EN EL PRESENTE

En años recientes, el poder del ahora se ha convertido en uno de los temas espirituales favoritos. Estar presente tiene un atractivo innegable. La alegría y la felicidad pueden tener lugar sólo en este momento. Si acudes a las alegrías pasadas y deseas felicidad futura, ni la felicidad ni la alegría te pertenecen ahora. Pero el presente es truculento. Por definición, el ahora dura sólo una fracción de segundo antes de convertirse en pasado.

Hay momentos en que la gente experimenta el presente por completo. Su existencia se libera de todas las cargas. Una iluminación interna llena todo lo que ven. Lo mundano se convierte en lo extraordinario, lo aburrido se torna brillante. Al mismo tiempo, sienten una molesta pérdida de equilibrio. El momento presente se puede sentir como una caída libre. No hay una cuerda de la cual sostenerse que conecte el pasado, el presente y el futuro. No hay certidumbre.

Por tanto, es mejor adaptarse al presente por etapas. Tu alma siempre está en el presente, así que no es el ahora lo que debes aferrar. No puede aferrarse, de cualquier manera. Respeta la parte de ti que quiere aferrarse a lo familiar. Alienta la parte que quiere estar abierta a lo nuevo. He aquí otra manera de entrar al proceso:

- Sé equilibrado. Si notas que has perdido tu centro, haz una pausa y regresa aquí.
- Permanece abierto a lo que te rodea —permite que la información y las impresiones fluyan libremente.
- Si te descubres diciendo o haciendo lo que habitualmente haces, descúbrete con las manos en la masa. Haz una pausa y da marcha atrás. Está bien reaccionar. Deja espacio libre para algo nuevo.
- Aprecia el momento presente. Nota lo que te nutre. Tómate un momento para mirar en verdad a la gente con la que estás.
- Si el juicio, la ira o la ansiedad comienzan a tomar las riendas de tu estado de ánimo, no te resistas. Dile al sentimiento negativo que le pondrás atención más tarde. Cumple tu promesa al contactar al sentimiento más tarde para saber si aún requiere de atención.
- Espera lo mejor. Busca señales positivas de la situación. Estas señales pueden provenir de otras personas, pero también pueden consistir simplemente en una buena sensación que flota en el

aire. Pide a un buen sentimiento que venga y te levante el ánimo.

- No abras las puertas al pasado. La nostalgia y revivir los viejos tiempos puede resultar agradable, pero también se le abren las puertas a las partes malas del pasado. Si te llegan viejos recuerdos, atiéndelos y déjalos seguir su naturaleza, pero no hagas nada activo con ellos.

Al meditar y permanecer centrado, obtendrás destellos del presente muy pronto. Mientras más expandas tu conciencia, más estarás presente naturalmente sin esfuerzo. Una de las señales más obvias es que te sientes más ligero físicamente, pero cualquier experiencia que implique sentirte liberado, seguro, bienvenido, lleno de luz, reanimado o inspirado, es un regalo del momento presente. Con el tiempo, estos momentos se fundirán en una experiencia continua. Cuando eso sucede, el ahora permanecerá contigo siempre.

Comprende la armonía de los conflictos implícitos

El alma no entra en conflicto. Cuando te sientes obligado a defender tu noción de lo que está bien y lo que está mal, aprovecha los aspectos positivos resultantes. Hay muchas cosas equívocas que confrontar en el mundo, pero al hacerlo no estarás actuando desde el alma. Espiritualmente, la manera de tratar la eterna guerra entre la luz y la sombra, el bien y el mal, la creación y la destrucción, es ir más allá de la batalla.

Cuando esto sucede, te das cuenta de que los enemigos explícitos son aliados implícitos: ningún bando puede existir sin el otro. No hay nada por lo que valga la pena luchar hasta que no convertimos a alguien más en malo. Sé que es difícil aceptar esta idea; todos podemos mencionar horrores que parecen absolutos y que deben ser derrotados. Pero te pido que dejes a un lado los argumentos morales por un momento, y te fijes en cómo funciona la naturaleza. Cuando los animales son depredadores y presas, como el león y la gacela, la vida los encierra en el mismo círculo. Cuando una rosa se abre, es aparejada con moho que convierte los botones muertos en composta. El moho no es bello, la descomposición apesta, a diferencia de la fragancia de la rosa. Aún así, ninguno de estos seres, el moho y la rosa, puede existir el uno sin el otro. Ir más allá del bien y el mal tan solo es ver la imagen más amplia en lo que respecta a los opuestos. La totalidad contiene conflictos, pero sirven al bien mayor al mantener a la creación y a la destrucción en equilibrio.

Una de las razones por las que podemos perder las oportunidades que el alma prevé, es que nos cerramos a la experiencia por anticipado, etiquetando ciertas cosas como inaceptables. Para la gente pacífica es inaceptable usar la fuerza. Para las personas contenidas, es inaceptable perder el control de las emociones. Si echas un vistazo a tu sistema de valores, puedes hacer una lista titulada "Lo que nunca haré". Tómate un momento y elabora esa lista. Cuando hayas terminado, date cuenta de esto: estás atado a aquellas cosas que resistes. La atadura es inconsciente pero aún así poderosa. ¿Qué tal si hubieras tenido un padre abusivo y hubieras crecido jurándote que nunca harías a otro el tipo de daño que sufriste? Sí. Conscientemente te habrías convertido en mejor persona, pero inconscientemente te habrías definido a ti mismo por medio de tu abusador, limitando tu libertad de experimentar todo.

Resiste tener una interpretación moral. No estoy diciendo que optes por ir y abusar de los demás, de ninguna manera. Más bien, mira los compartimientos cerrados que necesitan ser abiertos. Por ejemplo, a muchos niños abusados les es difícil confiar en alguien cuando crecen; la confianza es un compartimiento cerrado. A otros les cuesta trabajo demostrar compasión por las personas "malas"; otros adoptan rígidos códigos de conducta que se imponen a sí mismos o a los demás. Cuando el alma da mensajes de compasión, apertura y de hacer a un lado los juicios, la persona los cancela automáticamente porque no se adaptan a sus creencias fijas. Hay resistencia en lugar de receptividad.

Esto es comprensible, pero en términos de sincronía, dividir tu mente en compartimientos es muy limitante. Ahora sólo recibes lo que es aceptable. Y si ya sabes lo que es bueno o lo que es malo de antemano, no tienes necesidad real de un alma. No tienes intención de crecer más allá de tu sistema de creencias fijo.

Pero el alma tiene que ver con el crecimiento. Para ser receptivo a la armonía inherente a los conflictos, practica los siguientes pasos:

- Mira las cosas a la larga. Trata de ver cómo es que las peores cosas de tu pasado te beneficiaron. Ten fe en que los obstáculos del presente también te beneficiarán a la larga.
- Date cuenta de que todos nos definimos por nuestro nivel de conciencia. Lo que parece fácil de cambiar desde tu perspectiva, puede parecer difícil desde la de otro.
- Acepta que todos hacemos lo mejor que podemos de acuerdo con nuestro nivel de conciencia. Esto puede parecer difícil de aceptar cuando otros hacen cosas que desapruebas rotundamente. Sin embargo, puedes acercarte a la aceptación si añades un segundo punto: no importa qué tan mal se comporte la gente, también tienen almas, lo que significa que, en algún nivel, aspiran a un cambio positivo.
- Investiga a profundidad cómo la naturaleza equilibra la creación y la destrucción. La gestación, el nacimiento, el crecimiento, la madurez y la decadencia existen en todos los niveles del cosmos. En lugar de atarte a un solo aspecto de este ciclo, decide abrazarlo por completo. Es así como tu alma ve la realidad.
- A nivel de la conducta, da pelea si debes hacerlo, pero evita convertirte en una fuerza polarizante.

Pase lo que pase, trata de ver algo bueno en tu adversario. Demuestra respeto y trata de negociar antes de que la pelea comience. Evita relacionarte con personas que sólo encuentran el bien en sus puntos de vista. Todo el que vilipendia al otro lado está creando enemigos, lo que termina siendo más destructivo que cualquier otra cosa. Puede que salgas victorioso, pero tus enemigos persistirán después de que el conflicto termine.

ALIENTA LA UNIDAD; DESALIENTA LA DIVISIÓN

En la sección dedicada a los equipos, discutimos el valor de negociar las diferencias para que el grupo no se escinda. Ahora debemos ver el asunto a nivel más profundo. Has decidido liderar desde el alma porque estás en un viaje personal, el viaje hacia la conciencia superior. Desde el punto de vista del alma, tu visión se cumplirá hasta que alcances la iluminación. La iluminación tiene que ver con la reconciliación de los opuestos. La unidad reemplaza las diferencias; la totalidad se convierte en una realidad viviente. En ese punto todo lo humano se vuelve parte de ti.

Sabiendo que ésa es la meta de tu viaje, actúa como si ya hubieras llegado. Sé una fuerza para juntar a los opuestos. Los opuestos comienzan contigo mismo. Encuentran voz en algunas respuestas típicas:

Tengo un ángel en un hombro y un diablo en el otro.

Me siento ambivalente. No me puedo comprometer.

Algunos días amo la persona que soy; otros, no hay amor por ninguna parte.

Voy de la autoestima a sentirme poco valioso.

¿Soy real o soy un fraude? Me da miedo que alguien vaya a mirar en mi interior y me exponga.

Soy un adulto, pero aún me siento tan indefenso como un niño.

Si otros me aman, ¿por qué me siento tan solo?

Estas son creencias de alguien que está dividido en contra de sí mismo. La autodivisión se proyecta hacia afuera. Es imposible aceptar en verdad a los demás cuando tienes serias dudas sobre ti mismo. Esta es una de las pocas reglas inflexibles de la espiritualidad. Detrás de ella, hay una verdad más grande: sólo puedes dar lo que tienes para dar. Si no tienes autoestima, no podrás hallar valor en otros. Lo mismo sucede con el amor, la compasión y el perdón. Te pertenecerán y podrás darlos cuando los puedas aplicar a ti mismo.

La sociedad no nos enseña a crecer espiritualmente y, por tanto, la mayoría de la gente se atasca en infinitos juegos de opuestos. La mayoría de los líderes, de hecho, son atrapados por el divisionismo porque les sirve. Alientan la aparición de ganadores en lugar de perdedores. Quieren más para su causa y menos para la de otros. Identifican a los rivales a vencer, las acciones a comprar, las compañías débiles que engullir y las áreas en que no deben hacer concesiones.

En nuestro caso, liderar desde el alma es simple: si tienes que desgarrar a alguien para sentirte más grande, no lo hagas. Busca razones positivas para construir tu circunstancia sin necesidad de un adversario. Cura tus propias divisiones y radiarás un sentido de valía que no necesita vencer a nadie más. El lema del alma es: "Soy suficiente" y, conforme tu conciencia se expanda, llegarás a ser suficiente. Desde ese momento, demostrarás la generosidad y compasión con los caídos que ha distinguido siempre a los más grandes visionarios.

ALÍNEATE CON UNA NUEVA CREENCIA: "YO SOY EL MUNDO"

En este caso también puedes vivir la meta sin haber llegado a ella. Ninguno de nosotros fuimos criados para creer que somos el mundo. La afirmación resulta casi ininteligible. Hasta el ego se sonrojaría con tan burda exageración. Pero decir: "Soy el mundo" es en realidad un acto de humildad. Es tu reconocimiento de que eres un hilo en el tapiz de la vida. Así como el código entero del ADN es contenido en cada célula, tú contienes cada aspecto de la conciencia. El mundo y tú están hechos de lo mismo. No existe excepción, a menos que la hagas por elección. Hay demasiadas de esas elecciones y todos las hemos hecho.

Cada etiqueta con la que te identificas excluye algo más: mi raza, mi género, mi nacionalidad, mi educación, mi estatus. Cada etiqueta es una cosa, pero al poseer esa cosa, excluyes muchas otras más: todas las otras razas, las otras nacionalidades, los niveles educativos, los roles sociales y a las personas del género

opuesto. Las etiquetas son defensivas. No es accidental que te permitan rechazar todo lo que "no soy yo".
La vida se siente mucho más segura cuando dibujas un
círculo alrededor de tu identidad y no sales de él.

En consecuencia, existen dos tipos de líderes: los que
defienden el círculo y los que miran más allá de estas
fronteras. El primer caso es mucho más fácil de adoptar; la gente suele sentirse insegura sin defensas, de manera que, mientras más estrecho sea el círculo, mejor
se sienten. El segundo rol pertenece a los visionarios.
Habla de un deseo más hondo. En nuestro interior, sabemos que todos lo seres humanos somos uno. La misma alegría y el mismo sufrimiento afectan a cada vida.
Este conocimiento es algo que tratamos de cancelar,
pero no podemos hacerlo del todo porque el ser humano proviene del alma. Insistir en que el mundo exterior no es yo es irreal. No importa que tan estrecho
sea el círculo que dibujes para contener a tu familia,
tribu, raza o nacionalidad, el resultado no será más seguro sino que te traerá aislamiento y engaño.

La verdadera libertad está fuera del círculo. Está
en la gente con la que nunca creíste relacionarte, en los
puntos de vista que difieren diametralmente de los tuyos, en las ideas que nunca consideraste que podrían liberarte. Hablamos de satisfacer necesidades, tanto las
tuyas como las del grupo. Pero las necesidades son sólo
etapas de aproximación a un objetivo: liberar el espíritu en nuestro interior. "Yo soy el mundo" afirma que
tu verdadera naturaleza es espiritual. Habla de querer

experimentar todo. Si te alineas con este profundo deseo, serás guiado por el alma cada día de tu vida. Nada puede interponerse en tu camino cuando abandonas la tonta noción de que debes aceptar límites. Eres, por naturaleza, ilimitado.

Al final del viaje estarás completo. Todas las divisiones internas que dieron origen a las dudas y al conflicto serán sanadas. ¿Qué bien puede hacerte posponer ese día? Lo desconocido es un imán que te acerca a la liberación. Cuando buscas el siguiente horizonte, estás buscando un nuevo lugar dentro de ti. Cada nuevo lugar susurra que el alma está cerca, hasta que un día te fundes con ella, y entonces tu ser y el ser Eterno son uno.

LAS LECCIONES DE LA SINCRONÍA

- Liderar desde el alma significa ganar el apoyo de los poderes invisibles. Espera milagros que vendrán en tu ayuda. Confía en que tu alma organiza los eventos que traen los mejores resultados.
- La sincronía no es un asunto místico. Es la evidencia de que una inteligencia oculta abarca el universo. Esta inteligencia coordina toda la creación y, si estás abierto a ella, puede coordinar la creación de tu visión.
- En términos espirituales, todo visionario está en un viaje personal. Cada necesidad que satisfaces, para ti y para el grupo, es un escalón hacia la li-

beración. Cuando seas libre serás integro y completo. Al mirar atrás te darás cuenta de que cada milagro, pequeño o grande, era exactamente lo que necesitabas para alcanzar la plenitud.

QUÉ HACER HOY

La sincronía es normal cuando remueves los obstáculos que la bloquean. Hoy puedes hacer justo eso al alejarte de las etiquetas. Cuando dices "Soy X", te estás etiquetando. Mientras más identificado te sientas con una etiqueta, más cerrado estarás. Te perderás todo tipo de experiencias que caen en la categoría de "no yo". En ausencia de las etiquetas, estarás mucho más cómodo con todos y con todo. "Todo esto soy yo" es la forma ideal de vivir. Para apartarte de las etiquetas, he aquí algunas sugerencias:

- En lugar de ser etiquetado por tu nombre, haz una donación anónima a una causa noble.
- En lugar de ser etiquetado por tu raza, súmate como voluntario a una causa que ayude a minorías.
- En lugar de ser etiquetado por género, únete a un grupo que ayude a las mujeres golpeadas o que dé cobijo a los hombres sin techo.
- En lugar de ser etiquetado por tu trabajo, pasa algún tiempo haciendo un trabajo que sea mucho más bajo en la escala de prestigio.

- En lugar de ser etiquetado por tu dinero, ve a la zona más pobre de tu ciudad y realiza trabajo voluntario ahí.

Muchas de estas sugerencias pueden considerarse como buenas obras, pero la intención primaria es llevarte más allá del estrecho sentido de quién eres. Si llevas contigo tus etiquetas, no importa a dónde vayas, serás constreñido por ellas. Así que, acércate a estas sugerencias con la intención de convertirte en parte del escenario, relacionándote al nivel de compartir el espíritu. Mide tu éxito al quitarte etiquetas y lograr que los otros se liberen de ellas. ¿Te parece que eso está sucediendo?

Un líder aspira a ser el alma del grupo. Puedes alcanzar este objetivo en cualquier grupo, siempre y cuando hayas visto el alma de todos los demás. En la frase: "Todos los hombre son creados iguales", el verbo está en presente. No se trata de que todos los hombres (y las mujeres) "fueron creados iguales". La creación tiene lugar en todo momento. La vida se refresca y nos renueva. Si permites que este proceso te toque profundamente, no necesitarás etiquetas de ningún tipo. El ser una ola en el océano de la vida será suficientemente glorioso.

DOS PERSONAS QUE LIDERAN DESDE EL ALMA

JEREMY MOON

Fundador y presidente de Icebreaker

Icebreaker es la pequeña compañía que puso en el mapa la lana de borrego merino de Nueva Zelanda. Nada en la empresa en ciernes era convencional. Cuando Icebreaker cumplió diez años de fundada, en 2005, un reportero local describió su sede en Wellington, en la Isla del Sur de Nueva Zelanda, como un lugar que "se veía y sentía como una fiesta de estudiantes gigantesca", mientras que el fundador, Jeremy Moon era "de ojos grandes y despeinado". Aún así, detrás de este tono casual sureño, él repensaba seriamente cómo debía ser una compañía en el mundo y a qué empresa moderna quería él representar.

Jeremy hizo crecer su compañía al hacer que cada paso fuera parte de su propio viaje, un viaje en que la visión se desarrollaba primero en la conciencia y luego tomaba forma en el mundo real de los negocios. La suya es la historia de un hombre joven que tuvo una sola experiencia que cambió su vida. El día de hoy,

Icebreaker es un gran esfuerzo de equipo, enfocado en construir el negocio de ropa más sostenible del mundo. Utiliza una bella lana de merino renovable y biodegradable proveniente de los Alpes sureños de Nueva Zelanda. De acuerdo con la visión de Jeremy, este esfuerzo es completamente fiel a esa primera experiencia que detonó su entusiasmo.

Cuando fundé Icebreaker, tenía veinticuatro años, estaba quebrado y no tenía la menor idea de lo que estaba haciendo. Pero me guiaba una pasión por lo que yo creía posible; yo creía que podía convertir mi pasión en realidad. Esa pasión inició cuando me encontré con un criador de borregos merino. De lado a lado de la mesa de su comedor, él me arrojó una camiseta hecha con lana de merino diseñada por él. Se sentía suave, sensual y nada parecida a la lana normal. La playera podía lavarse en la lavadora y no exclusivamente a mano; era sedosa y suave más que picante, y se sentía ligera en lugar de ser pesada.

Pensé: "¡Wow! Este material es sorprendentemente hermoso, práctico y natural. Este es un producto que podría vender en el mundo entero." Tú sabes, desde el primer momento me imaginé volando alrededor del mundo y pasándola muy bien. No tenía idea de cómo funcionaba un negocio basado en la lana de borrego merino, pero tenía la fuerte sensación de que podía hacerlo. Yo me había formado en antropología cultural y mercadotecnia, así que me interesaba el significado de los objetos y sabía cómo desarrollar planes para hacer vivir las ideas.

Me encerré en mi recámara por dos meses pensando en cómo podía construir una marca internacional desde Nueva Zelanda. Esto requirió de visión. Nueva Zelanda no es un lugar precisamente ideal para lanzar un empresa —nadie sabe en dónde estamos, y no tenemos ningún vecino— sin embargo, es un gran lugar para vivir y relacionarte con el mundo. Mi plan de negocio definía los pasos básicos que debían tener lugar para convertir mi sueño en realidad. ¿Quién estaría en el equipo? ¿De dónde sacaríamos dinero? ¿Cómo podíamos empezar a manufacturar y vender nuestros productos?

Tuve los pantalones de dejar mi trabajo y pedir dinero prestado para empezar; aunque las cosas marchaban lentamente. Me tomó seis años darme cuenta de qué estaba haciendo. Esos años fueron puro deseo y perseverancia. Invertí enormes cantidades de trabajo duro y enfrenté muchísima frustración y angustia. Trabajaba entre setenta y cien horas a la semana. Me había comprometido totalmente con el negocio porque, si fallaba, estaría en bancarrota. Nunca perdí la capacidad de ver el panorama general. Nunca dudé que era posible tener éxito. Mi mantra era: "Esto funcionará siempre y cuándo no eche a perder las cosas." Asumí plena responsabilidad por el futuro.

He aprendido algunas cosas sobre liderazgo durante los últimos quince años, y me gustaría compartirlas con ustedes. Para mí, el liderazgo ha sido un viaje en evolución. Alguien me dijo una vez que, cuando estás administrando tu propio negocio, haces más descubrimientos y cometes más errores en un mes de los que la mayoría de la gente tiene en un año. Ciertamente me parecía que las cosas eran así. Cada pocos años tenía que evaluar mi desempeño y el del negocio para encontrar nuevas maneras de dirigir a las personas con las que trabajaba, y para proveer mejores productos a nuestros clientes.

No empecé queriendo ser un líder. Más bien, me relacioné a un nivel muy profundo con la fibra de lana merina debido a mi identidad como neozelandés, a mi amor por la aventura y a mi fe en la naturaleza. El liderazgo comenzó cuando tuve que enrolar a otros en el concepto Icebreaker. El dinero no lo era todo. Yo quería contratar gente a quien le importara lo mismo que a mí y que pudiera ayudarme. Yo tenía las ideas y la fe, pero no tenía la experiencia ni la sabiduría. Mis amigos me presentaron a sus padres, que habían sido exitosos en los negocios. Uno de ellos, un banquero, me preguntó en dónde estaban mis análisis financieros. "¿Qué son análisis financieros?", dije. Se ofreció a enseñarme y, después de tres semanas de entrenamiento, teníamos nuestras primeras proyecciones financieras.

Uno de los primeros inversionistas me enseñó la importancia de los empleados en los negocios. Descubrí que era esencial hacer que todos se sintieran parte de Icebreaker, y aprendí a dirigir el negocio como si fuera una empresa familiar extendida. Esto me gustó porque vengo de una familia muy unida, y quería que la gente pudiera sentir algo parecido en la empresa.

Invertí más de la mitad de mi capital inicial en el diseño. La gente pensó que estaba loco, pero más que nada, yo deseaba crear una marca honda, líder, con una historia que fuera real, verdadera. Era la historia de una fibra que crecía en un animal que vivía en las montañas de Nueva Zelanda, una fibra que podía convertirse en un sistema de ropa que permitía a la gente volver a un pasado en las montañas y reconectarse con la naturaleza. Profundizamos en este ciclo hondo y poderoso para crear una historia visual que inspiró la creación del producto. Me encantó, me sentía vivo. Mi creatividad estaba despertando.

En un país conocido por tres cosas —aventura, belleza natural y ovejas— resulta irónico que todo el mercado de ropa para exteriores en Nueva Zelanda estuviera dominado por fibras sintéticas basadas en el polyester y el polipropileno. ¿Por qué no podíamos usar algo natural? La lana de merino era una fibra de muy alto desempeño y nadie sabía nada de ella. Esta era una gran oportunidad, pero las barreras de entrada eran enormes. Cuando entré al mercado, los sintéticos eran reyes y la lana estaba prácticamente muerta. Era mi labor convencer a la gente de que las cosas debían ser distintas.

Mi primer empleado fue Michelle Mitchell, una buena amiga que tuvo tanta confianza en lo que yo estaba haciendo que dejó su carrera de derecho para unirse a mi proyecto. Juntos comenzamos a desarrollar los valores esenciales del negocio. Michelle me dijo: "Una persona con integridad es la misma persona en el trabajo que cuando juega". Esta idea me resultó inspiradora y de inmediato me comprometí a ponerla en marcha en el corazón de Icebreaker. Nos abrimos a recibir información de todas partes. Nuestros distribuidores nos enseñaron sobre la industria del vestido y me die-

ron retroalimentación sobre lo que funcionaba y lo que no. Nuestros proveedores nos enseñaron a hacer ropa, cómo usar una bodega y como entregar nuestros productos. También estaba aprendiendo de las otras personas que se iban uniendo al negocio. Algunas noches estaba tan emocionado que no podía dormir. Sentía que mi mente y mi alma se expandían.

Consumimos la mayoría de nuestro capital en el primer año y para el segundo teníamos cuarenta clientes distribuidores. Entonces tuvimos las primeras ganancias. Para el tercer año, contratamos a tres empleados más, todos jóvenes e inexpertos. Nada parecía funcionar como queríamos y todo era difícil. Hubo frustraciones y lágrimas y mucho, mucho desvelo. Pero estábamos decididos a hacer triunfar a Icebreaker. Poco a poco aprendimos a trabajar como equipo. Comenzamos a experimentar con el estilo. Poníamos prendas sobre una mesa y les colocábamos encima recortes de tela para ver cómo se veían. Nuestro estilo inicial fue muy simple, pero había una cierta belleza en eso: era honesto, era funcional y la tela lucía y se sentía fabulosa.

Sabíamos que teníamos entre manos algo especial porque nuestros clientes regresaban por más. Nos decían que sus prendas Icebreaker se sentían fantásticas, funcionaban de maravilla, duraban muchísimo y que eran las mejores prendas que habían usado. Un cambio sustancial tuvo lugar cuando empezamos a añadir color a nuestros productos. Lo sé, es increíble que una compañía de ropa no se hubiera planteado la obviedad de que el color era importante. Nuestras primeras prendas eran azules y blancas, y luego añadimos el verde, el rojo y el negro. ("¿Quién va a comprar las de color negro?", dije. Ahora es el color que mejor se vende.)

Conforme crecíamos, descubrimos que, cuando se usan juntas prendas de lana merino ligeras, el aire queda atrapado entre capa y capa, incrementando el nivel de aislamiento —las capas se unen como si se tratara de una sola prenda, sólo que más caliente. Fue un gran descubrimiento y nos inspiró a evolucionar Icebreaker de ser una línea de ropa interior a ser un sistema completo en capas. Quince años después, tenemos oficinas en ocho países, compramos una cuarta parte de la lana de borrego merino de calidad que se produce en Nueva Zelanda, exportamos nuestra ropa a treinta países y tenemos millones de clientes alrededor del mundo. He hecho el compromiso de que, durante los próximos quince años lograremos cosas extraordinarias que ayudarán a replantear el rostro del negocio en el proceso.

Para mí, el liderazgo comenzó como una pasión por una idea. Ahora se trata de lograr que otros descubran su potencial. Estoy orgulloso de decir que la gente clave que construyó Icebreaker conmigo durante aquellos años de inicio, sigue siendo un aparte esencial del negocio. Otros doscientos cincuenta empleados se han unido a ellos. Es este equipo, con nuestros proveedores, clientes y valores esenciales, los que determinarán en qué se convertirá Icebreaker en el futuro.

JEREMY MOON Y LAS
CARACTERÍSTICAS DE LOS L-Í-D-E-R-E-S

Después de contar su viaje con Icebreaker, Jeremy analizó su experiencia de liderazgo usando las características que hemos abordado en la primera parte de este libro. Su respuesta fue detallada e inspiradora al mismo tiempo.

Lo que debes mirar y escuchar: *Al principio, me hice dos preguntas esenciales: ¿A quién debemos escuchar y por qué? El producto no existía aún, así que debía escuchar todo lo que sucedía a mi alrededor. Los clientes de Icebreaker querían un producto que fuera real y auténtico. Dijeron que querían prendas de alto rendimiento, confeccionadas para durar y que les ayudaran a reconectarse con la naturaleza.*

Descubrí que a nuestros clientes les gustaba compartir su sabiduría con un joven que estaba tan ansioso de aprender. Mi primer cliente me dijo que era bueno escuchando. Ser un buen escucha me dio la ventaja y fue una gran manera de construir una relación.

También escuché al consejo directivo de Icebreaker, que se reúne durante medio día una vez al mes. Hacen las grandes preguntas: "¿Cómo lucirá Icebreaker dentro de tres años? ¿Estamos invirtiendo lo suficiente en el futuro? ¿Cuál es el estado de salud interna de la organización? ¿Qué asuntos estratégicos deben abordarse? Cuando me encontraba en el día a día del negocio, esas preguntas me hacían concentrarme en el panorama general. Para mí, el liderazgo ha

*sido cuestión de formular las preguntas correctas para de-
tonar la evolución.*

*La cantidad de preguntas disminuyó conforme la idea
fue más clara y cuando desarrolle mi capacidad de guiar a
los demás, pero sigue siendo crucial hacer preguntas cada
vez más agudas y hondas. ¿Qué es lo realmente importante? ¿Cómo puede un negocio contribuir a la sociedad?
¿Cómo puede una organización ser un vehículo de conciencia? El viaje evolutivo nunca termina; por tanto, jamás
puedes dejar de mirar y escuchar.*

Integrar lazos emocionales. *El mundo se ha tornado más
veloz, y hay muchas más tecnologías, pero los negocios no
han cambiado tanto. Sigue siendo una cuestión de relaciones. Las relaciones de Icebreaker se dan con los proveedores, los distribuidores y los clientes. No nos anunciamos, y
aún así nos las hemos arreglado para construir un negocio de
buen tamaño basado solamente en el boca a boca positivo.*

*Dependemos de construir un vínculo emocional. Una
manera de hacerlo fue instituir Baacode, un programa que
deja a los clientes rastrear la fibra de su prenda hasta el cria-
dero de ovejas en el que creció. Dado que el sistema es
transparente, Baacode nos ayuda a implementar estándares
de calidad a lo largo de toda la cadena de producción, dejando claro nuestro compromiso con el medio ambiente y
con el tratamiento de los animales y de la gente.*

*Nuestras relaciones internas también son muy importan-
tes para mí. Los primeros empleados de Icebreaker fueron
amigos, personas con las que me llevaba bien de antemano.
Todos estábamos un poco locos y compartíamos el sentido*

de la aventura. Me volví muy consciente del impacto que cada persona nueva tenía en el equipo. Las nuevas personas tenían que ser capaces de integrarse al grupo existente. No queríamos que todos fuéramos iguales, pero deseábamos verdadera sinergia entre la gente.

En Icebreaker tenemos una cultura increíblemente vibrante y divertida. Es muy creativa; hay un fuerte sentido de espíritu y propósito. Mi trabajo es asegurar que atesoremos esta cultura y que nunca la demos por hecha. Cada vez enfrentaremos retos más grandes conforme lleguemos a ser una compañía que maneja miles de millones de dólares, pero sé que puede hacerse. Cuando reflexiono sobre el papel del liderazgo en la vinculación emocional, todo parece derivar en una idea central: ¿Cómo podemos permitir que otros contribuyan? La gente se compromete a fondo con un negocio sólo cuando siente que, genuinamente, forma parte de él.

Desarrollar la conciencia: *El liderazgo requiere que seas consciente de tu impacto en las otras personas. En un gran libro en el que fue coautor,* The Leader's Way, *el Dalai Lama habla de que primero es necesario encontrar la perspectiva correcta y luego hallar el camino correcto. Una conciencia del camino correcto es crítica en el negocio: es fácil ver las cosas desde un ángulo, pero se requiere casi una visión de 360 grados. Y entonces el camino correcto indica lo que se debe hacer, basado en tus valores, en tu ética y en el propósito del negocio. En Icebreaker tenemos un proceso que nos ayuda a integrar nuestra perspectiva. Cuando creamos nuevos productos o nuevos sistemas, buscamos los puntos* *de vista de todos los involucrados. Las mejores decisiones que tomamos están basadas en una visión completa de lo que sucede, y eso revela el camino correcto.*

El cambio más grande en mi conciencia vino cuando empecé a ver a Icebreaker como un modelo de negocio. Llamamos a nuestro modelo "ecosistema", porque equilibra la ecología, la economía y los recursos. Nuestro objetivo es la sustentabilidad rentable. Cuando en verdad estás consciente te das cuenta de que el futuro tiene que estar basado en empresas sustentables, que es lo que Icebreaker ha sido desde el principio.

Empezar a actuar: *Sueña y actúa. Ese es el orden de las cosas cuando se trata de acción. Es difícil tener una vida significativa si sólo estamos haciendo cosas. En cuanto a soñar sin hacer, no sé de nadie que haya sido exitoso sin trabajar duro con sentido. La combinación de sueño con trabajo inspira a la gente y los conecta con su dharma, es decir, con su propósito. Yo sueño con que Icebreaker sea el líder global en el rubro de las empresas sustentables, llegando a ser la compañía de ropa más limpia del mundo. Podemos demostrar que es posible construir un negocio exitoso al tiempo que te sientes orgulloso de quién eres, de lo que contribuyes y de lo que el negocio hace.*

Para mí, un sueño comienza como una posibilidad. Lentamente, la posibilidad crece y se convierte en una ola de energía —la sensación de estar alineado con el propósito de mi vida. Esto requiere de práctica y de confianza. Hasta ahora, mi intuición no me ha decepcionado. La gente exitosa que he conocido confía en sus corazonadas. Analizan los hechos, pero van hondo dentro de sí y esperan a que las respuestas emerjan —quizás a la mitad de la noche, tal vez mientras se bañan, cuando juegan tenis o cuando beben vino con sus amigos. Por eso es tan importante confiar en ti mismo y reconocer el sentimiento en lo más hondo de tu ser antes de entrar en acción. La acción se basa en la conciencia.

Recurrir al empoderamiento: *Cuando diriges un negocio, poder significa permitir que la gente con la que trabajas encuentre su propio poder. Se trata de poder espiritual, poder creativo, de juicio, poder mental y de la influencia sobre los demás. El poder hace que otros contribuyan. Se sienten valorados y se dan cuenta de que pueden hacer la diferencia. Quiero que otros sientan un aumento de poder en su interior. Si este poder es positivo, serán leales a ti y a la organización. Si el poder es negativo o está motivado sólo por el dinero, en poco tiempo te dejarán para aceptar una oferta más atractiva.*

Desde el principio, dimos con la cultura empresarial correcta en Icebreaker, de modo que todo ha evolucionado positivamente. Se trata de una red de auténticas relaciones. Apertura, franqueza y honestidad: he aquí los factores que crean poder dentro de una organización, y con eso el negocio marchará a lograr grandes cosas. También debes saber cuándo ceder poder. Para obtener el potencial de largo plazo de Icebreaker, he tenido que transferir el poder a mi equipo gerencial. Siete años atrás, cuando emprendía este cambio, pregunté a un consultor qué pensaba de mi trabajo como presidente de la empresa. Él dijo: "No eres el pre-

*sidente de la empresa. Le dices a la gente qué debe hacer
y tienes todas estas relaciones personales. ¿Cómo puedes
crear una red de relaciones dentro del negocio, de manera
que otras personas puedan arreglárselas y saber qué hacer
por sí mismas?"*

Escuchar eso fue bastante difícil para mí, pero también
se convirtió en un parte aguas. Al comenzar con Icebreaker,
tenía que hacer todo yo. Era difícil delegar y, como resultado, el negocio creció lentamente. Nos tomó cinco años
lograr beneficios por cinco millones de dólares, y yo era la
fuerza que evitaba un mayor crecimiento. Dos años después, Icebreaker ganaba veinte millones de dólares. ¿Qué
sucedió en ese periodo? Aprendí a delegar. Llegué a darme
cuenta de que mi papel debía consistir en encontrar a la
gente correcta y darles el poder para asumir las funciones
que antes pensaba que sólo yo podía desempeñar. Cinco
años más tarde el negocio llegó a los cien millones de dólares de ganancia, y ha seguido creciendo fuertemente desde entonces.

Dar poder a otros es una manera de decir que confías
en su juicio y en su capacidad para desempeñarse. Les estás
dando el espacio para expresarse. Icebreaker es un negocio que se basa en nuestra gente. Como su líder, no puedo pasar eso por alto. Los productos vienen y van, pero la
cultura de nuestra compañía debe permanecer fuerte, sana
abierta, honesta y energética si queremos tener éxito en el
largo plazo.

Ejercer la responsabilidad: *Llegué a pensar que la responsabilidad era una carga. Ahora sé que es la libertad de*

elegir. Cuando diriges un negocio, tomas decisiones respecto de la manera en que ese negocio debe crecer éticamente. Eso significa adentrarte en lo desconocido, lo que siempre implica un grado de riesgo. Existen dos tipos de riesgos: el riesgo responsable y el riesgo irresponsable. Yo soy un emprendedor. Siempre he tenido sentido de la aventura. La gente piensa que asumo riesgos de manera natural, pero no es así. Los riesgos que he asumido con Icebreaker han sido calculados. He hecho el análisis, tomado la perspectiva correcta y luego entro en acción sabiendo que los riesgos eran responsables. Para un líder, el no tomar ningún tipo de riesgos equivale a abdicar de la responsabilidad. Pero lo mismo sucede cuando se falla al delegar y al asignar a otros el poder de tomar sus propios riesgos.

Para mí, este ha sido un proceso de maduración. Asumo la responsabilidad por nuestros productos y por nuestra marca, y también por asegurarnos que vamos en la dirección correcta. Sin embargo, el negocio no lo es todo. La gente mira y escucha al presidente de la empresa, así que debo estar consciente de mi conducta y de la forma en que afecta a otros. Con eso en mente, asumo la responsabilidad de mi bienestar. Debo encontrar el justo equilibrio entre el trabajo, el amor y el juego. Si todos nosotros logramos que estas tres áreas evolucionen continuamente, tendremos una vida rica y armónica.

Sincronía: *Los emprendedores suelen hablar de la sincronía. Compartimos una sensación de estar en el lugar correcto en el momento correcto, pero se trata de algo que va más allá de eso. A lo largo del camino nos hemos en-*

contrado buscando algo, frustrados por un problema que no podemos resolver y entonces, de repente, se aparece una solución. Un encuentro casual me involucró por primera vez con la lana de merino. Ese encuentro me permitió conectarme internacionalmente y vivir la clase de vida que quería vivir. Un encuentro casual, la intención de hacer algo, o el deseo de resolver un problema: he aquí la manera misteriosa en que la sincronía teje nuestra vida, en un patrón que es lugar común para las personas que encuentran la forma de controlar su propio destino.

Me siento más "en la zona" cuando la sincronía se vincula con el propósito interior: mi capacidad creativa se intensifica, y lo mismo pasa con mi capacidad de inspirar a otros. No siempre estoy ahí, pero cuando lo estoy se siente muy bien. El secreto consiste en no aferrarse demasiado ni involucrarse demasiado con el resultado. El estar abiertos a nuevas posibilidades nos hace sentir vivos. Cuando estamos en contacto con nuestra creatividad, es importante fijarnos cómo se siente. Creo que la sincronía se genera a partir de ahí. Permanece abierto a ella. No tengas miedo de declarar lo que tu alma desea. Fija tu atención a la sincronía y permanece atento para ver a dónde te lleva. Para ser realmente efectiva, la sincronía requiere que estés conectado a un sentido, a un significado. Nuestra capacidad de estar en contacto con el más hondo sentido es la esencia de nuestra habilidad para inspirar y liderar a otros. Y también constituye la esencia misma del liderazgo.

Cuando estudiaba mercadotecnia en la universidad, escuché de una filosofía que cambió mi vida: "Para obtener lo que deseabas en los negocios, necesitas dar a otros lo que quieren." Es una variante de la Regla Dorada, un código de ética que puede hallarse en muchas culturas: "Trata a los demás como quieres que te traten a ti." Para seguir esta forma de pensamiento, tienes que hacerte la siguiente pregunta: ¿qué quiero? En mi caso, si se trata solamente de dinero, olvídalo. La avaricia tomaría el control y estaría destinado al fracaso. En lugar de eso, quiero el reto de crear algo más grande que yo, algo a lo que los demás puedan contribuir.

¿Cómo puede un negocio convertirse en una fuerza positiva? Necesitamos poner en duda la metodología de la vieja escuela respecto a la explotación de los recursos, el medio ambiente y los trabajadores por el mero afán de obtener ganancias. Imagina una sociedad en que los líderes de negocios se reconozcan por su capacidad de inspirar a otros y crear grandes compañías, y no sólo por su habilidad para hacer dinero. Este es el tipo de sociedad en la que quiero vivir, y esta es la nueva raza de líderes que puedo ver emergiendo alrededor del mundo.

RENATA M. BLACK

*Fundadora y directora
de la Seven Bar Foundation*

Entre los líderes que están cambiando la faz de la caridad alrededor del mundo, una de las más inspiradoras es Renata M. Black. Ella exuda juventud y entusiasmo ilimitado. Siendo adolescente, Renata tuvo una idea para ayudar a los pobres y, paso a paso, ha llevado su sueño al punto en que ha logrado tener un impacto global. Su fundación convierte las ganancias en microcréditos, un cambio revolucionario en relación con el viejo modelo de la caridad, consistente en dar a los pobres el dinero de los ricos. La Seven Bar Foundation, fundada por ella, es una empresa social basada en una simple observación: que la lencería de lujo proveniente de Europa constituía un nicho de mercado sin explotar en Estados Unidos. (A ella le gusta decir que Seven Bar usa la sensualidad y la seducción para tener un impacto social.) Por medio de tiendas abiertas al consumidor y de desfiles de modas, la lencería estampada con el logotipo de Seven Bar aprovecha su éxito para proveer microcréditos a las mujeres alrededor del mundo.

La verdad cruda y dura es que no existen suficientes donantes de fondos en el mundo para aliviar todo problema previsible. El obstáculo no reside en la falta de generosidad. En 2010, Estados Unidos donó cerca de trescientos dieciséis mil millones de dólares a causas de caridad, pero incluso esta generosidad tiene un límite: tan pronto como le das a una mano, surge otra que la reemplaza. Renata se planteó una pregunta revolucionaria: ¿Qué tal si pudiéramos tomar un porcentaje de esos trescientos dieciséis mil millones de dólares para invertirlo en organizaciones no lucrativas que se convirtieran en entidades autosustentables?" Para ella, las organizaciones no lucrativas debían trabajar más inteligentemente y no más duro. El estado de las cosas en el mundo no permite que todo se deje a la esperanza y a la impredecible generosidad de los donantes.

Existen razones específicas por las que Seven Bars dirige los microcréditos a las mujeres. "Escogí a las mujeres como mi vehículo de transformación —dice Renata— porque, simplemente, son la raíz de la sociedad a partir de la cual todo lo demás crece. La educación de los niños, el ambiente familiar, el cuidado de la salud, el crecimiento poblacional, todo esto depende de ellas y de sus elecciones. También siento que las mujeres, siendo fuente de todo tipo de apoyo y nutrición, tienen más probabilidades que los hombres de gastar sus ganancias en el bienestar de los niños. Por

eso, al invertir en una mujer, ayudas a romper el ciclo
de la pobreza para la siguiente generación."

Al igual que otros que lideran desde el alma, Renata vio una nueva tendencia en la conciencia colectiva.
Más consumidores están eligiendo con base en sus valores personales. Como ella explica: "Los productos
ya no son objetos de necesidad. Se han convertido en
una extensión de aquello en lo que creemos. Las investigaciones demuestran que ochenta y nueve por ciento
de los consumidores tienen muchas probabilidades de
cambiar de marca si la segunda marca está asociada a
una buena causa. Esto es aún más cierto para la siguiente generación." Al igual que Jeremy Moon, Renata na-
rra su destacada historia mejor que yo.

*Puedes pasar años trabajando para llegar a un momento
de definición, pero también existen momentos que, sin que
uno busque nada, de pronto deciden el resto de tu vida. Eso
me sucedió a los quince años. Para mí, nada fue tan confu-
so como ser una adolescente. Después de que mis padres
murieron en un accidente aéreo cuando yo era muy pequeña, fui adoptada por una tía y un tío en Estados Unidos, en
donde pasé toda mi infancia. Nunca supe a ciencia cierta
quién era yo, de modo que decidí mudarme de regreso a mi
natal Colombia para hallar mis raíces. Ahí pude experimentar la cultura, la gente y su pasión por la vida. A los quince
años, uno desea fervientemente un sentido de pertenencia.
Al mismo tiempo, tuve un encuentro abrupto con la pobreza que me cambió la vida. Un día tomé el camión que iba*

al lado equivocado de la montaña. Había visto pobreza en Estados Unidos, pero lo que vi ese día en Colombia añadió una dimensión completamente nueva a la experiencia.

Este viaje equivocado en camión me llevó a un momento de revelación instantánea: pude haber sido yo la que terminara como esos niños, viviendo en una caja de cartón. Miles de ellos no eran lo suficientemente afortunados como para tener las oportunidades que la vida me había dado. En ese momento se definió mi propósito para siempre. Algunos de mis amigos suelen bromear diciendo que me enfermé llegando a estar completamente obsesionada con mi propósito. Yo lo veo de manera diferente: soy afortunada al saber exactamente para qué estoy en este planeta. Siento una responsabilidad mayor que supera el propósito personal. Tengo una deuda con mis padres y debo hacer que sus vidas hayan valido la pena. Les debo a mis padres adoptivos el sacrificio que hicieron al criarme, y sobre todo le debo a mi gente en Colombia, cuya existencia puedo mejorar. Según la visión del resto del mundo, llegar a vivir en Estados Unidos es como arribar a la cima de la montaña. Para mí, es una obligación usar la oportunidad que los estadounidenses dan por hecho, y extenderla a partes del mundo en que hay mucho potencial desperdiciado.

Antes de poder llevar mis ideales adolescentes a la realidad, tenía que darme cuenta de qué tan enorme es la pobreza. ¿Qué puede hacer una sola persona? Por otra parte, ¿por qué se interesarían los demás en Colombia? Yo quería tener un impacto duradero y significativo, de modo que hice lo que una muchacha normal hace para obtener respuestas. Primero, fui a la universidad. Cuando me gradué de la Universidad de Carolina del Norte, en Chapel Hill, tenía ya las habilidades necesarias para tener éxito material, pero eso no bastaba. No podía sentirme exitosa si no daba significado a mi vida. La siguiente fase consistió en viajar alrededor del mundo como voluntaria. En Hong Kong trabajé con niños discapacitados permanentemente, en Nueva Zelanda laboré con ancianos mentalmente discapacitados y en India con las víctimas del tsunami de 2004 que necesitaban reconstruir sus aldeas.

Durante este último proyecto, una mujer desesperada se acercó a mí y me dijo en lengua local: "Sé que tienes dinero, pero no lo quiero. ¿Por qué no me enseñas a hacer dinero?" Un nuevo momento de definición me señalaba el camino. En el momento, no sabía cómo enseñar a la mujer a hacer dinero, pero me propuse encontrar la manera.

Ya me había percatado de los efectos negativos que la ayuda proveniente del exterior puede tener, sirviendo únicamente para que la gente pobre se vuelva más dependiente, haciendo poco en realidad para lograr su autosuficiencia. *(Durante los últimos treinta años, los países que más dependen de la ayuda exterior han tenido una tasa de crecimiento anual menor a 0.2 por ciento.)* La única manera de romper el ciclo era ofrecer una oportunidad real. Por ejemplo, el microfinanciamiento implica otorgar un pequeño préstamo como dinero-semilla para comenzar un negocio personal. Se trata de una estrategia para salir de la pobreza en que la persona que recibe el préstamo hace el esfuerzo para tener éxito. Al proveer esta clase de incentivo, se logra el efecto opuesto que se obtiene cuando simplemente se da ayuda.

*Conforme el propósito de mi vida se develaba, me de-
diqué a construir una empresa social que proveyera una
oportunidad a los pobres a escala global. Ahora estoy en
el negocio de brindar esas salidas a mujeres desprotegidas
vía el microfinanciamiento. Siento que las empresas sociales constituyen el futuro de las organizaciones sin fines de
lucro. Una empresa social se distingue de la caridad en que
se maneja como un negocio y no depende de la generosidad impredecible. Al alinear las causas con los productos,
hacemos que los consumidores se sientan bien al comprar.
Simultáneamente, permitimos que las organizaciones sin fines de lucro dispongan de un flujo de retorno consistente.*

*El día de hoy, el negocio de lencería en Miami, Nueva
York, Los Ángeles y otras quince ciudades sirve como esca-
parate para la marca Seven Bar Foundation. La filial de Miami sirvió para lanzar oficialmente a la fundación en 2009,
generando ciento setenta millones de menciones en medios,
ciento veinte artículos a nivel mundial y un estimado de 1.7
millones de dólares en valor publicitario. En otras palabras,
con un evento alcanzamos la masa crítica en conciencia.*

*La filial de Nueva York dispone de la primera línea de
alta costura de Atsuko Kudo, cuyos diseños son usados por
celebridades como Eva Mendes, Beyoncé y Lady Gaga. Para
dar a los compradores la oportunidad de comprar grandes
productos directamente de la pasarela, la fundación se está
asociando con la última tecnología, Overlay TV[1]. El video*

---

[1] Una tecnología que permite utilizar los vínculos de video para que
los clientes compren directamente [N. del T.].

del desfile de modas será transmitido en tiempo real a los sitios de Internet más populares relacionados con la moda; así, los consumidores pueden hacer clic, congelando la imagen para comprar productos del show.

Como parte de nuestro modelo de negocio para el impacto social, tenemos el potencial de enviar nuestros shows alrededor del mundo, llegando nuestro mensaje de desarrollo sustentable a la nueva generación. El éxito de los primeros shows permitió a Seven Bar emprender su primera iniciativa de mercadeo. Nos asociamos con una línea de cosméticos, Fusion Brands, para hacer la campaña "Da un beso de despedida a la pobreza". Un dólar de cada venta de su línea de abrillantadores de labios va a la fundación. En los primeros tres meses de la campaña, se vendieron más de cien mil abrillantadores, dándonos cien mil dólares en ingresos. El aumento de las ventas para Fusion Brand ha llevado la campaña a expandirse a nivel global, logrando que el logo y la imagen de la fundación aparezcan en los paquetes y la publicidad de los abrillantadores de labios.

Los espectáculos de moda están ahí para inspirar a que la gente acepte dos conceptos completamente opuestos como el microfinanciamiento y la lencería, uniéndolos para transformarlos en una fuerza de transformación. Todos los productos y eventos de la marca Lingerie tienen el símbolo de la escalera, representando un medio para ascender. Mi meta es utilizar el atractivo de la lencería de lujo para proveer estrategias de salida a las mujeres menos privilegiadas alrededor del mundo, y que esta empresa me sobreviva. Creo que las compañías que decidan manejar su negocio como "ganan-

cias con propósito" dejarán más que sólo productos y servicios detrás. Harán un verdadero legado a la humanidad.

RENATA M. BLACK Y LAS
CARACTERÍSTICAS DE LOS L–Í–D–E–R–E–S

Lo que debes mirar y escuchar: *Para mí, mirar y escuchar son un aspecto de la receptividad. Uno de los valores que me convirtieron en la persona que soy hoy es la capacidad de sentir los estados de ánimo de diferentes personas. Este tipo de receptividad te permite tomar medidas rápidamente o redirigir la energía de acuerdo con el estado de la persona. Esto viene, pienso, de una herencia cultural mía, que implica tener tacto confiando en la intuición y la atención de otros. Mirar de forma receptiva también me reveló un nicho no explotado en el mercado de la moda. Sintonicé con las tendencias de la población. También, sentí que el rostro del microfinanciamiento necesitaba ser más atractivo. Visualmente, el diseño de los productos que comercializamos es seductor y sensual, de modo que el cliente ve algo que estimula la compra y deja la placentera sensación de apoyar una buena causa.*

Integrar lazos emocionales: *Encontrar una conexión emocional me alienta cada día, y cada vez que logro establecer una, quiero mantenerla. Las emociones son como las flores que necesitan cuidados para crecer y florecer. La manera en que dirigimos las emociones —positiva o negativamente— es lo que hace que el mundo gire, que los mercados se* *muevan, que la gente reaccione y que las necesidades sean satisfechas. Mis sentimientos me llevaron a donde estoy hoy. Comencé con un vínculo repentino con los pobres en Colombia. Ese vínculo llevó a la certeza de que podía hacer la diferencia, y esa certeza me condujo a la oportunidad.*

Estoy convencida de que invertimos en la gente más que en las ideas. Toda transacción se construye sobre un sentimiento como la confianza, la esperanza, la exuberancia, la compasión y la generosidad. Mi fundación es en realidad el mercado de las emociones, y comercia con su valor. Es la empatía de los clientes con las mujeres menos privilegiadas la que impulsa la compra —con un sentimiento muy diferente, la sensualidad de la lencería de lujo. Se requiere la fusión de estos sentimientos aparentemente opuestos, uno egoísta y el otro generoso, para crear nuestra marca.

Procuramos la lealtad del cliente por medio de otro vínculo emocional, que estimula un sentido de poder del cliente, el poder que proviene de saber que tu compra apoya los valores y el deseo de hacer la diferencia en el mundo. Hacer el bien en el punto de venta: este es el futuro del comercio y nos llevará a un cambio significativo en el planeta.

Sin embargo, las emociones más profundas van más allá de esto. El los países en desarrollo, la gente que vive en la pobreza carece de fondos pero tiene sistemas de valores muy fuertes. Son grandes creyentes en Dios. En lo que respecta a los préstamos a las mujeres, este sistema de valores crea un vínculo de lealtad. Es esta integridad la que ha producido una tasa de noventa y ocho por ciento de pago, globalmente hablando. En nuestra oficina, todos compartimos el vínculo de la dedicación y la pasión. Seven Bar constituye una diaria coreografía de emociones en apoyo de una visión guía.

Desarrollar la conciencia: *La clave de mi liderazgo es ser consciente de mí misma y de mis orígenes. Obvio, las circunstancias en el camino me han moldeado y han ayudado a manifestar mi destino. Pero nada de eso habría sucedido si no estuviera agudamente consciente de que fácilmente podría contarme entre el sesenta por ciento de la población mundial que subsiste con menos de dos dólares diarios.*

Otro aspecto importante de mi conciencia es el propósito. El sendero al éxito está empedrado de frustración y plagado de obstáculos, y uno debe hacer sacrificios todo el tiempo en pos de la misión. He sido muy afortunada al tener sentido de propósito desde que era muy joven, mucho antes de comenzar con la Seven Bar Foundation. Mi propósito ha estado constituido por tres partes: vivir al máximo, ser lo mejor que puedo ser y hacer que el mundo sea un mejor lugar porque yo estuve en él. Estas tres cosas definen mi conciencia y me guían todos los días.

También tengo que estar consciente de la situación que me rodea y de los cambios que presenta. Un parteaguas sobrevino cuando noté que la gente estaba lista para gastar más, no en términos monetarios, sino en términos de hacer la diferencia. Así, su deseo por más significado coincidió con mi conciencia, que siempre se ha basado en el significado. Ambas cosas se fundieron naturalmente, lo que es un elemento crucial en todas las historias de éxito.

Empezar a actuar: *Al mirar atrás me doy cuenta de que soy una mujer de acción en toda regla. Mi hambre innata* *me lleva a entrar en acción. Está en mi ADN tomar la iniciativa, encontrar caminos no descubiertos y soluciones innovadoras. Vivo guiándome por la idea de que cada quien es arquitecto de su propio destino[2]. La cantidad de tiempo y dedicación que se requiere para llegar a cualquier meta nunca ha sido un obstáculo. De cualquier modo, también me doy cuenta de que cada sendero me ha llevado a otros senderos; por momentos, el mío ha sido un camino tortuoso.*

El camino que transitas es el que has pavimentado. Hacer implica liderar con el ejemplo. Si promuevo los negocios de mujeres empobrecidas para que sean sustentables, mi negocio también debe ser sustentable. Finalmente, he aprendido a trabajar con más inteligencia y no más duro. Esto implica un nivel de conciencia que debe existir antes de entrar en acción. Así, procuro que mis acciones se vinculen casi imperceptiblemente con otras metas. Con esta estrategia en mente, mi día es increíblemente activo pero coherente y terso al mismo tiempo.

Recurrir al empoderamiento: *Como ya sabes a estas alturas, mi primer y principal objetivo es dar poder. Puedo rastrear esta tendencia en mi infancia, cuando las reglas de los maestros y los padres parecían imposibles de ser cuestionadas. Como resultado, me sentí reprimida durante la mayor parte de mi infancia y encontré consuelo en la rebelión. Nunca pensé en cambiar las reglas porque para mí esa no era una opción viable —los sistemas sociales estaban tallados en piedra.*

---

[2] Verso de Amado Nervo [N. del T.]

*Recuerdo cuando vi la luz del día a través de las fisuras
por vez primera. Trabajaba como voluntaria para una organización sin fines de lucro en India, cuando me acerqué al
jefe de la organización con una idea relativa al microfinanciamiento para las mujeres. Hice una presentación en toda
forma que duró cerca de tres horas, pasadas las cuales me
palmeó la espalda y dijo: "Hazlo." Ese fue el momento en
que me sentí poderosa por primera vez. Fui alentada a lograr
que algo sucediera. ¡Estaba tan emocionada que explotaba
de pasión y dedicación como si fuera una olla de presión!
Una nunca olvida cómo se siente tener poder propio, un
sentimiento que cambia la vida y que quiero dar a todas las
mujeres. Ese día me di cuenta que yo podía representar una
fuerza que impulsara cambio, una fuerza ilimitada.*

Ejercer la responsabilidad: *Me atrae mucho la noción de
que la responsabilidad es la habilidad de responder. Algunas
personas nacen con esta capacidad; a otras se les tiene que
inculcar. Yo respondí a mi circunstancia creando un modelo
para el cambio sustentable. Soy una gran creyente en responder a tu circunstancia de manera significativa. Así, desde
una edad muy temprana he llevado conmigo el sentido de
que soy profundamente responsable por mi gente colombia-
na, por mis padres fallecidos y por mi familia adoptiva.*

*Todos nacemos en lo que yo llamo nuestra responsabi-
lidad original. Luego, si aceptas un papel de liderazgo, ga-
nas acceso a un nuevo nivel de responsabilidad, esta vez
con tus empleados y con la confianza financiera que se te
otorga. Mientras más responsable soy, más fenomenal es la
gente que me rodea. Me siento responsable todos los días*

por guiarlos por el camino del crecimiento. Aún así, siempre existe una responsabilidad conmigo misma en el sentido de hacer que las cosas cuenten. Si fuera un velero, el poder sería mi vela y la responsabilidad sería mi timón.

Sincronía: *Me desempeño mejor que nunca cuando hay posibilidades desconocidas. Vivo en gran medida bajo el lema de Buckminster Fuller: "Si quieres cambiar algo, construye un nuevo modelo que haga obsoleto el modelo actual." Al ser pionero, experimentas una gran variedad de emociones intensas. Durante años te despiertas cada día obsesionada con una idea que muchos no comprenden. Miras adelante y te dices: "No es la forma más recta de llegar ahí. ¿Pero hay una razón para que exista esa curva en el camino?." Al bailar con el destino para llegar a tu meta, ocurre una secuencia de eventos casi mágicos. Luego suspiras: "Definitivamente este es el camino correcto".*

Más y más conciencia logra afinar tus esfuerzos hasta llegar a la última conciencia que define su éxito último. Recientemente, mi lección más grande ha sido: "Puedes hacer cualquier cosa, pero no todo." Sé que soy muy buena en algunas partes de mi negocio, pero no tanto en otras. Mis debilidades me impedían alcanzar mi máximo potencial.

En el momento exacto en que me percaté de esto, me encontré con una mujer poderosa que se convertiría en mi futura socia. Kim Hoedeman y yo nos complementábamos a la perfección. Ambas nos encontrábamos viviendo encrucijadas de nuestra vida. Queríamos ser redefinidas y, al apoyarnos mutuamente, manifestamos ambas nuestro destino. Aunque solemos tener días de quince horas de trabajo, to-

davía solemos hacer una pausa para mirar atrás consideran-
do este suceso como el momento de sincronía más fuerte de
nuestras vidas. Juntas somos una fuerza invencible.

Renata M. Black se ha convertido en la fuerza incontenible que describe. Aunque afirma tener empuje y dedicación en su ADN, también describe haber transitado un camino. Cada paso del camino implicó una conciencia más honda. Descubrió la pasión de su vida conforme descubría su verdadera identidad. Ambas se han fundido, lo cual es el propósito de liderar desde el alma. Como ella dice, la conciencia afina tu camino hasta que llegas a la meta última.

El momento crítico fue cuando recibí permiso para hacer
las cosas de mi superior en India. Este momento sentó el
precedente para mi vida actual. Había en mí posibilidades
que no hubiera podido sospechar ni en un millón de años.
El comienzo fue simplemente un rayo de luz que atravesó
las grietas del sistema, pero el efecto ha sido enorme, y ten-
go la intención de seguir esforzándome en este sentido por
el resto de mi vida.

TERCERA PARTE

DIEZ PRINCIPIOS DEL LIDERAZGO

UNA PLANTILLA PARA LA CONCIENCIA

He hecho mi mejor esfuerzo para que las páginas de este libro sean ricas en significado. Como resultado, este delgado volumen está lleno de ideas, ejercicios y sugerencias. Tiene mucho para ser asimilado. Pero el mensaje es simple. Todos tenemos un lugar calmo dentro de nosotros, un lugar que es la fuente de todo lo que da significado a la vida. Esta es el alma, el lugar al que los grandes líderes acuden para obtener su inspiración y para obtener respuestas a las preguntas más importantes.

¿Cómo saber si estás abrevando de la perspectiva única del alma? Hemos visto un número de formas para saber si estás siendo sincero con el elevado llamado del espíritu, así que permíteme terminar este libro reuniendo diez principios básicos que funcionan como una plantilla de la conciencia, que es fuente de bienestar para el universo. Cuando reconozcas estos principios en acción, sabrás que te encuentras en el camino del alma.

1. Los líderes y los seguidores se crean entre sí. Los seguidores expresan una necesidad, y el líder provee una respuesta. Ambas surgen juntas. Cuando no es así, hay un vacío de liderazgo; en esos momentos, las necesidades se tornan mucho más intensas y eventualmente desesperadas, allanando el camino para la explotación y la dictadura.

2. Así como los individuos crecen de dentro hacia afuera, lo mismo sucede con los grupos. Las necesidades del grupo deben satisfacerse, cualesquiera que sean. A veces un grupo necesita un padre o un protector, otras un motivador, un sanador o un guía espiritual. La necesidad es combustible para el cambio. Los líderes operan desde el nivel del alma para provocar el cambio interno, que luego se expresa en la superficie como éxito.

3. El resultado de cualquier situación es definido de antemano por la visión que participa en la solución. Por tanto, las cualidades internas determinan los resultados.

4. Las respuestas compartidas por líderes y seguidores están imbuidas en nosotros y nos guían para evolucionar y progresar. El alma está consciente de cómo desarrollar nuestra evolución para producir el más sublime y mejor resultado en toda ocasión.

5. Las necesidades están diseñadas para evolucionar y un líder debe estar consciente de esto para avizorar el futuro del grupo y anticipar sus necesidades. En orden ascendente, las necesidades del grupo son: seguridad, logro, cooperación, comprensión, creatividad, valores morales y plenitud espiritual. Todas estas son necesidades interiores y exteriores que han evolucionado con el paso del tiempo en toda sociedad.

6. Para cada necesidad, un líder debe jugar el rol o papel correcto. La necesidad de seguridad clama por un protector; el logro clama por un motivador; la cooperación requiere un formador de equipos; la comprensión clama por un líder que apoye y nutra; la creatividad por un innovador; los valores morales por un transformador; la plenitud espiritual por un sabio o visionario. Estos binomios son orgánicos —el alma sabe cómo satisfacer cualquier necesidad con el menor esfuerzo y lucha. Un líder que puede acceder directamente a esta sabiduría gana tremendo poder para el bien, un poder que va más allá del que obtiene quien se concentra únicamente en los objetivos externos y en las recompensas.

7. El líder que comprende la jerarquía de las necesidades y sus respuestas, tendrá éxito; el líder que sólo se ocupa de los factores externos (dinero, victoria, poder) fallará en el área que más cuenta: guiar la evolución de sus seguidores.

8. Al ascender en la jerarquía de las necesidades, cualquier grupo puede llegar a sentirse inspirado y unificado. Los grandes líderes están en contacto con todos los niveles de la experiencia humana. Comprenden que sus seguidores desean libertad, amor y valía espiritual; por tanto, no tienen miedo de aspirar a metas más elevadas que van mucho más allá de la recompensa material. Sin embargo, no ejercen el liderazgo desde la cima de la montaña. Todo líder es simultáneamente todos sus seguidores. Una necesidad básica, como la de seguridad debe ser comprendida, sentida genuinamente y luego satisfecha en su totalidad antes de proceder a una necesidad más elevada. El reto puede consistir en algo tan sencillo como una discusión para que la gente se sienta segura de expresar

sus sentimientos, o algo tan profundo como sacar a una sociedad de la opresión. El alma conoce todos los niveles de la vida;
un gran líder aspira a lo mismo.

9. Liderar desde el alma significa darte a ti mismo. Significa que darás confianza, estabilidad, compasión y esperanza.
Pasas tiempo invirtiendo en las relaciones con los que acuden a ti para obtener respuestas. Sin temor a formar vínculos emocionales, no te ocultas de ninguna necesidad conforme
aparecen. En contraste, los líderes que optan por el deseo de
protegerse emocionalmente, los que limitan sus respuestas o
los que se aferran a sus egos, terminan siendo un fracaso. Puede que tengan éxito en términos materiales, pero si esto es así,
dicho éxito carecerá de valor intrínseco.

10. El alma trae orden al desorden. Produce avances creativos, da respuestas inesperadas y produce sincronizaciones que
son regalos provenientes del corazón, del misterio. No importa
qué tan compleja y confusa parezca una situación, el liderazgo
es posible cuando te sientes a gusto con la incertidumbre. Una
vez que advierten el orden espiritual oculto que subyace a lo
que parece ser caos, los líderes inspirados se conducen a la perfección en la incertidumbre. Debes aprender a afrontar el hecho de que las situaciones son complejas; de otro modo el grupo
que diriges quedará paralizado en tiempos difíciles. Siempre
habrá necesidades y respuestas que reclaman tu atención. El
temor y la supervivencia, la competencia y la creatividad, las
creencias y las personalidades tienen sus demandas. Cada una
tiene una voz, ya sea que podamos escucharla o no, pero debajo de la agitada superficie, sólo existe una voz, el silencioso
murmullo del espíritu, que todo lo entiende.

Piensa en estos diez principios como si se tratara de una plantilla para la conciencia. Idealmente, la aplicarías a todo lo que haces. Todos los modelos de liderazgo dan prácticamente el mismo consejo cuando se trata de hacerse cargo de las tareas y de motivar a los otros. Pero dejan a un lado lo más importante: el cimiento en el ser. El ser es la base de todo. Es conciencia pura, matriz de la creatividad, pivote de la evolución. A fin de cuentas, el liderazgo es la elección más importante que uno puede tomar —la decisión de ser. Sólo alguien que busca sabiduría en el silencioso dominio del alma, puede salir adelante en medio del caos. Una persona así será recordada como un gran líder. Aún siendo un derecho de nacimiento de todos, la conciencia se integra a nuestro cerebro igual que nuestro espíritu. Siempre habrá una nueva fase para la evolución, y la evolución es guiada por la necesidad.

Las tradiciones mundiales de sabiduría definen la verdad como la chispa que quema el bosque entero. Si un líder desea ser esa chispa, otros verán la verdad en él. Deseosos de dirección y de ver satisfechas sus necesidades, valorarán lo que el líder ofrece, que es el primer paso para que ellos lo valoren. Como líder, puede que encuentres ocasión para decir a tus seguidores por qué quisiste llevarlos a un nivel superior, pero en tu corazón sabrás que lo hiciste por ti mismo. Andar tu propio camino es ya suficiente.

RECONOCIMIENTOS

Este libro fue inspirado por el curso que imparto en el Kellog Graduate School of Managenment, en la Northwestern University. Quisiera agradecer al ex director de la escuela, Dipak Jain, por alentarme a comenzar este curso y por su apoyo continuo durante los últimos ocho años. Mi colega en la enseñanza, Michelle Buck, merece mi aprecio por su experiencia e inspiración —ha despertado a muchos presidentes de empresas y a otros ejecutivos de alto nivel hasta llevarlos a emprender sus propios caminos personales.

Dos visionarios corporativos han llevado el alma del liderazgo a sus operaciones diarias: Al Carey, de FritoLay, George Zimmer y el consejo de Men's Wearhouse. Es emocionante verlos a cargo del cambio, y lo mismo sucede con Jeremy Moon y Renata M. Black, quienes generosamente me proveyeron con sus historias personales. Gracias a todos.

Orgullosamente, he sido asociado como científico *senior* con la organización Gallup, que ha reunido más datos sobre liderazgo que cualquier otra fuente del mundo. Gracias el presidente de Gallup, Jim Clifton, por hacer posible este privilegio. También estoy agradecido con Danielle Posa, mi enlace con Gallup, quien generosamente me brinda la información que necesito.

Gallup es la fuente de dos libros revolucionarios que me guiaron en muchos temas: *Strength-Based Leadership*, de Tom

Rath y Barry Vonchie, y *Well-Being: the Five Essential Elements*, de Tom Rath y Jim Harter. No puedo recomendarlos con mayor entusiasmo a cualquiera que desee obtener un acercamiento positivo al liderazgo, con base en los resultados de miles de entrevistas.

Mi viejo amigo y sabio editor, Peter Guzzardi, merece mi gratitud por su paciencia al hacer posible este libro. Se las arregla para que la reescritura sea fácil cuando nadie más puede hacerlo. Respecto de mis editores, he tenido la lealtad y apoyo de algunas personas maravillosas, incluyendo a Shaye Areheart, Jenny Frost, Tina Constable y Julia Pastore. Nuestra cálida relación ha sido un pilar para mi carrera de escritor. Este reconocimiento se extiende ahora para incluir a Maya Mavjee, quien me ha dado la bienvenida a una nueva fase de nuestra sociedad.

El Centro Chopra incluye al grupo de apoyo más fervoroso que cualquiera pudiera desear: Carolyn y Felicia Rangel, y Tori Bruce; a ellos, gracias de corazón.

Y, como siempre, mi infinito amor para mi esposa Rita, y para nuestros niños: Mallika, Gotham, Sumant y Candice, y para mis hermosos bebés Tara, Leela y Krishan; cualquier sitio en que ustedes se encuentran es mi hogar.

SOBRE EL AUTOR

Deepak Chopra es autor de más de cincuenta y cinco libros traducidos a más de treinta y cinco lenguas. Entre sus libros se incluyen numerosos *bestsellers* del *New York Times*, tanto en la categoría de ficción como en la de no ficción.

El alma del liderazgo de Deepak Chopra
se terminó de imprimir en enero de 2017
en los talleres de Offset Universal, S. A.
Calle 2, núm. 113, Col. Granjas San Antonio
C. P. 09070 Ciudad de México